Thomas Rauch   Bandi Koeck

GRENZ GÄNGER

Ein kabarettistisches Bühnenstück
politisch unkorrekt · am Zahn der Zeit · lachtränenverdächtig

© 2021 Bandi Romeo Koeck und Thomas Anton Rauch
Alle Rechte vorbehalten

Coverbild © Alexander Ess, Seite 47/48: Richard Mayer

Layouted in Austria, Printed in Germany
Herstellung und Verlag: BoD – Books on Demand, Norderstedt.

1. Auflage 2021

Achtung: Um dieses Stück aufführen zu dürfen, müssen nachweislich 20 Exemplare bezogen werden!

ISBN: 9-983755-758983

INHALT

VORWORT

All jene, die den Mut oder ein entsprechend hohes Potential an Kühnheit besessen, sich als Kabarettist auf die Bretter, die laut William Shakespeare die Welt bedeuten, zu wagen, können ein Lied davon singen: Das Kabarett gilt als Königsdisziplin in der Theaterwelt und wird entsprechend kritisch vom Publikum begutachtet. Auch wenn man in Deutschland Kabarett als solches ausspricht und in Österreich ein Kabare bleibt, ist diese Form der Kleinkunst eng mit verschiedenen Genres der darstellenden Kunst verbunden: Neben schauspielerischen Szenen, Monologen, Dialogen und Pantomime hält sie auch Lyrik bereit, sei dies als Gedicht oder Ballade sowie Musik in Form der Satire oder Polemik. Es ist wohl die Kombination aus diesen Elementen, dieses Potpourri, was das Kabarett in seiner Motivation gesellschaftskritisch, komisch-unterhaltend und künstlerisch-ästhetisch werden lässt.

Als leidenschaftlicher Theatergeher suche ich mir mit Vorliebe Kabaretts sowie Comedy, sei dies in Form von Stand Up Comedians, Poetry Slams oder eben seltenen Duos. Als ich Thomas Rauch vor Jahren kennenlernte, befand er sich gerade auf seiner Malmaschine, einem zweckentfremdeten Drahtesel, der mit Pedalantrieb durch Manneskraft einen Pinsel schwingen und somit außergewöhnliche Bilder entstehen ließ. Wir verloren uns aus den Augen, bis er 2016 auf einer meiner kabarettistischen Lesungen erschien und wir uns in Folge in seinem Atelier trafen. Da Kunst bekanntlich die Tochter der Freiheit ist, ließen wir unsere Kre-aktivität fließen und es entstand unser Debut „**Nachschlag**". Ehrlich gesagt hätten wir nicht mit einem derartigen Erfolg gerechnet und just als wir die Dernière in unserem Stammtheater am Feldkircher Saumarkt feierten, hegten wir bereits Pläne für eine Folgenummer „**Grenzgänger**". Emsig schrieben wir unsere verrückten und dilettantischen Ideen nieder, bastelten neue Requisiten und probten fleißig. Doch die Coronapandemie machte auch uns einen Strich durch die Rechnung und somit fiel unsere gesamte Tour durch Österreich, die Schweiz und Liechtenstein in nicht nur einen Lockdown (was für ein Unwort). Ein Jahr später konnten wir schließlich mit Grenzgänger einen zweiten Versuch starten.

Dieses Buch beinhaltet den Bühnentext inklusive technischem Rider in komplett ungekürzter Fassung sowie eine Fülle an bislang unveröffentlichtem Bonusmaterial.

Viel Freude wünscht **Bandi Koeck**

ÜBER DIE AUTOREN / KÜNSTLER

Bandi Romeo Koeck, geboren 1980, ist Pädagoge, Schriftsteller, Journalist und Kabarettist. Seit er 1995 bei Christian Büchel Gesangsunterricht nahm und in der Musicalproduktion „Der Zauberer von Oz" als Blechmann wirkte, ließ ihn die Bühne nicht mehr los. Koeck ist Vater von vier Kindern und lebt in Feldkirch/ Österreich. www.bandikoeck.com

Thomas Anton Rauch, geboren 1964, ist Bildender Künstler, Schriftsteller und Kabarettist. 2019 gewann er im Kollektiv „RatA-Ess" mit der Kunst-Gondel die SwissArtExpo. Bevor er sich als Künstler selbstständig machte, betrieb er zusammen mit seinem Bruder 20 Jahre lang die int. bekannte „Sonderbar" in Feldkirch. Rauch lebt in Frastanz/Österreich. www.tartort.com

Bandi Koeck

Thomas Rauch

NACHSCHLAG!

Stand-Up-KABARETT – Ländle-Tour 2018

Bludesch	Kellertheater Lampenfieber	Samstag, 3. März, 20 Uhr
Dornbirn	TiK – TiK ist Kultur	Samstag, 10. März, 20 Uhr
Rankweil	Altes Kino	Mittwoch, 25. April, 20 Uhr
Göfis	Vereinshaussaal	Freitag, 1. Juni, 20 Uhr
Feldkirch	Theater am Saumarkt	Donnerstag, 7. Juni, 20 Uhr

GRENZGÄNGER

KURZBESCHREIBUNG

Inhalt des Stücks

Nach einem schweren Flugzeugabsturz treiben die einzigen beiden Überlebenden der Ostschweizer Hans-Ueli sowie der Süddeutsche Heinz-Rüdiger auf offener See. Das ungleiche Paar kämpft jeder auf seine Art und nach der landeseigenen Sozialisation ums nackte Überleben. Es ist ein Kampf der Geschlechter, des Geschmacks und des Gemüts. Wird es den beiden narzisstischen Egozentrikern gelingen, zuerst zueinander und schließlich wieder nach Hause zu finden?

Personen

- Heinz-Rüdiger Meier: Der „Piefke", ein klassischer Narzisst, besserwisserisch und seines Zeichen Hausartikelverkäufer aller Art.

- Hans-Ueli Schnider: Der „Schwiizer", ein typischer „Bünzler" und Patriot, kleinkarierter Eigenbrötler, der noch bei seiner Mutter wohnt.

Dauer

Teil 1: 50 Min

Teil 2: 40 Min

Kurzbeschreibung

Nach einem verheerenden Flugzeugabsturz – just bevor das eben servierte Bordmenü die Magengegend erreicht hätte – sind die einzigen beiden Überlebenden ausgerechnet ein Schweizer und ein Deutscher. Auf offener See kämpfen die beiden unterschiedlichen Zeitgenossen ums nackte Überleben. Nach anfänglichen kulturell bedingten Schwierigkeiten und einer Palette an Vorurteilen finden die beiden – ohne es zu wollen – immer näher zueinander und landen wie einst Robinson Crusoe auf einer unbekannten Insel. Doch genügt eine Annäherung und ein holpriges Floss, um wieder zurück nach Hause zu finden?

Das Stück könnte aktueller nicht sein. Versteht es gekonnt mit Klischees und Vorurteilen aufzuräumen, hinterfragt und kritisiert politische Haltungen (Stichwörter "Flüchtlingskrise", "lückenlose Aufklärung", „IBIZA", "BREXIT" oder „So sind wir nicht!" bzw. „Wir schaffen das!") und möchte dazu beitragen, dass wir uns mehr als Menschen sehen und dem Populismus und Nationalismus bewusst entgegentreten. Koeck und Rauch sind diesmal noch scharfzüngiger und einfallsreicher unterwegs, um den Lachmuskeln des Publikums zu zeigen, wo der Barthel den Most respektive die Schwimmweste geholt hat. Denn dieser Weg nach Hause wird kein leichter sein ...

GRENZGÄNGER

BÜHNENTEXT INKL. TECHNISCHER RIDER

Requisitenliste

Blaue Plastik-Noppenfolie (Länge ca. 3 – 4 m, Breite entspricht der Bühne)

Ventilatoren und Nebelmaschine, ev. Stroboskoplicht

2 orange Schwimmwesten mit Trillerpfeifen (in einer Schwimmweste Uhren und Schmuck in der Innentasche schön geordnet eingenäht)

2 Rollbretter auf kleinen Klappstühlen

Ratten auf Stäbe (ev. Schwimmweste für Ratte)

Rucksack mit Schweizer Fähnli und Taschenmesser

2 Tabletts mit Umhängeschnur

Goldbarren (goldfarben lackierter Stein)

Halloween-Plastikmachete

St. Galler (langer Schübling) und Vanillepudding mit Feuerzeug

Wäscheklammer oder Tauchklammer

Weißes Wölkchen auf Karton (A2) am Nylonfaden

Mini-Fondue-Geschirr

Ev. Bockwurst, Sauerkraut, Kartoffeln und Senf

Bambus-Klappstuhl

Mini-Reisebügeleisen

Unterhose mit CH-Kreuz oder lange weiße Unterhose mit braunem/gelbem Fleck

Mückenspray

Ueli-Autfit: Glatze mit Haarkranz, Hosenträger und kariertes Hemd

Rüdi-Outfit: Gottschalk-Perücke, Goldkette, Moustache, Hawaiihemd (oder Hippie), enganliegendes schrilles Trainingsoutfit aus den 80ern

Teleskopgrillgabel und Dosengulasch (Ananas in Stücken)

Alter zerfledderter Sonnenschirm

Plane für Zelt und Zeltstangen

Kleine Hantel

Küchenrolle

Avocado-Sauerrahm-Dip als Gesichtsmaske

Schnapsgläschen und Hitler-Schnauz mit Klebestreifen

Elektroschocker

Eieruhr

Bierflaschen und Sliwovitz

Verbandszeug

Kunstblut

Aufblasbare Pferde oder Hühner mit Sattel

Anmerkung die restlichen Requisiten werden virtuell durch Pantomime gezeigt!

Trackliste

1: Remix „Über den Wolken", „Gewitter" und „Explosion"

2. Meereswogen (durchgehend spielen)

3: Celine Dion Fake (My Heart Will Go On)

4: U-Boot Sonar

5: JAWS-Titelmelodie Weißer Hai

6: Wellengeräusche Strand (durchgehend spielen)

6: Regen/Vogelgezwitscher

7: BSB: Backstreet`s Back Karaoke

8: Ohne Krimi Mimi

9: Schnarchfurzgeräusch

10: Aerobicmusik Bee Gees Staying Alive

11: Alphornlied

12: Raumschiff Enterprise

13. Happy Birthday India Style

14: Krähruf der Hähne

15: Pferdegalopp

16: Ende Ansage mit Italo-Akzent „Und sie ritten..."

17: Reinhard May: Über den Wolken

Bühnenbilder für Beamer

A: Gewitter

B: Brennendes Flugzeugwrack

C: Insel

D: Sonnenuntergang

Teil 1

Requisiten: 2 orange Schwimmwesten mit Trillerpfeifen. Blaue Plane, Lochvorhang für Projektionen, ev. Taschenlampen/Handys, Rucksack oder Seesack, 2 unterschiedlich große Jausenbretter zum Umhängen, Landjäger, Kartongoldbarren, großes Käsestück, Schweizer Taschenmesser (ev. mit Kompass), großes Rambomesser

Bühne total black.

#001: Remix: Über den Wolken/Gewitter/Explosion

Blitze (mit Bühnenscheinwerfer).

Ein Hilfeschrei.

Links von Bühne Rüdiger ruft um Hilfe. Irgendwann stößt Ueli dazu. Beide nass bis auf die Haut und in neongelben Schwimmwesten, blutverschmiert mit Schürfwunden. Ziehen blaue Frisiermäntel hoch bzw. unter Folie, damit es aussieht, als würden sie im Wasser treiben.

A1: Bild A_Plane dann A_Gewitter oder A_Wolkenbruch (visuell am Beamer)

Der eine (links) und der andere (rechts) leuchten immer wieder mit ihren Taschenlampen (Handys) in der Gegend (Richtung Publikum) umher. Pause.

#002: Meereswogen (durchgehend im Hintergrund spielen bis Pause)

RÜDIGER: (*Keuchend*) Meine Fresse. (*Ringt nach Luft*) Was war das denn? Wo bin ich?

UELI: Ha-ha-hallo? Isch döt öppert?

RÜDIGER: Was? Wer? Ein Echo? Jaaa, hiiieeer!

UELI: Und daaa. Gottvrdammi, do isch doch eina.

(Schwimmen rücklings aufeinander zu.)

Beide: Waaah!

RÜDIGER: *(Lacht erleichtert)* Hallo. *(In Panik)* Sind Sie alleine? Oder sind da noch mehr?

UELI: Jo, do isch noch mehr, viel z'viel Meer für min Gschmack, abr Persona hon ich kei gseh.

RÜDIGER: Oh Gott! Ein Schweizer. *(Zu sich)* Das hat mir gerade noch gefehlt.

UELI: *(Mehr zu sich selbst)* Usgrechnat a Schwob. Gottvrdeckl.

Auf Leinwand ein brennendes Flugzeug

(Umherliegende Wrackteile, ev. Gummipuppe am Bühnenrand. Schwimmen auseinander, ständige Schwimmbewegungen.)

RÜDIGER: Kommen Sie her! Da, zu mir. Wir müssen uns zusammenbinden!

UELI: Muass da si mit anama Schwob an eim Strick? Für was söll da guat si?

RÜDIGER: *(Schreit)* Fragen Sie nicht so viel mit dem Mund, ich weiß schon was ich tue. Wir machen es wie im Film „Titanic". Glauben Sie mir, ist nur zu unserer Sicherheit!

UELI: Was schreit denn där so? Titanik? Im Fall wemmr a Türa findan, denn sind Sie da Jäck und ich bin di Kate, wöll mir würd schnell chalt.

RÜDIGER: Wegen der Türe machen Sie sich bloß keinen Kopp, Flugzeugtüren schwimmen nämlich nicht.

UELI: Das seit mir a Piefki. Hätt kei Ahnig der Ma.

RÜDIGER: Ja, sag ich. *(Seil – die beiden binden sich zusammen)* Und schwimmen Sie etwas näher, dann können wir nicht auseinandertreiben, denn zusammen haben wir die größeren Chancen. Ein menschliches Floß sozusagen.

UELI: A mönschlichs Floß usma Schwob und ama Schwizr isch vo vorinna am Untrgang gweiht!

RÜDIGER: Wie meinen? Ihre Hinterwäldlersprache versteht ja kein normaler Mensch. Können wir uns einigen, dass Sie Hochdeutsch sprechen? Kann ein Schweizer überhaupt Hochdeutsch, also Schriftsprache, meine ich?

UELI: Dr Papscht het z´Spiez s´Schpäckbsteck z´schpät bschteut!

RÜDIGER: Was ist das denn? Was soll dieses Kauderwelsch? Ist das Rätoromanisch oder was?

UELI: Dieses „Kauderwelsch" soll heißen „Heute ist kein guter Tag, um mir auf die Nerven zu gehen! Punkt." Klar kann ich Hochdeutsch rädä. Wir Schweizer sind schließlich internätschionäll.

RÜDIGER: Ja, klar. Und Deutsch gehört da auch dazu? Dann ist ja alles gut, dann verstehen wir uns ja ab jetzt!

UELI: Jo, abr au nur sprochlich. Mir scheint, das ist der Beginn anara wunderschöna Fiindschaft!

RÜDIGER: Wie bidde? Was haben wir gesagt, war nochmal die Umgangssprache?

UELI: Damit eines klar ist, Chef gibt es da keinen und wenn doch, dann bin ich das! Habe schließlich nicht umsonst ein Überlebenstraining beim Militär gemacht.

RÜDIGER: (*Lacht*) „Deutsch"? Er versucht es zumindest. Mehr kann ich von einem CH-Bauern wohl nicht verlangen. Ich bin Rüdiger Meier, Vertreter für Haushaltsartikel aller Art.

(*Hält die Hand zum Gruße hin. Ueli streckt ihm coronakonform den Ellenbogen entgegen.*)

UELI: Üeli Schniiiider Pur.

RÜDIGER: (*Immer noch in Panik*) Üeli? Hahaha, das klingt wie Eule. Und Schnider heißt bei euch auch jeder zweite, nicht wahr? Ein puurer Schweizer!

UELI: Und Ruediger heißt in eurer Sprache doch Reudiger, haha, auch nicht ganz unlustig. Und Meier ist natürlich ein ganz extravaganter Name!

RÜDIGER: War ja klar, dass da was drauf kommt. Die Höflichkeit habt ihr Schweizer nicht erfunden.

UELI: Dafür aber Ricola.

RÜDIGER: Boah! Pfui Teufel! Tausendmal lieber wäre mir jetzt Rucola mit einer saftigen Bockwurst, serviert von einer knackigen Stewardess. (*Imitiert die Erklärung der Schwimmweste der Stewardess im Flugzeug und nimmt Pfeife in den Mund.*) Apropos Stew... Das ist unsere Rettung! Los du, da reinblasen!

(Steckt Ueli die Pfeife in den Mund und beide pfeifen mehrmals.)

UELI: *(Nach kurzer Zeit total außer Atem:)* Das bringt doch nichts. Wir Schweizer haben da bessere Methoden, du, du Ossi. Jetzt pass mal auf, wie wir uns von Berg zu Berg unterhalten.

(Fängt dilettantisch an zu jodeln.)

RÜDIGER: Aaaah! Stopp! Dieses Gejodel ist ja nicht auszuhalten! Das klingt wie ein besoffener heulender Wolf. Mit dem Gejohle ziehst du Haie an, die genau wissen, dass hier ein jodelndes Berner Würstchen herumschwimmt.

UELI: Berner? Bernär? Ich bin Ostschwiizer! Das sagst du nicht noch einmal, sonst ist deine Schwimmweste schneller als du lugen kannst ein Schweizer Käse. Und der hat bekanntlich viele Löcher.

RÜDIGER: Jaja, und bei den Preisen, die ihr dafür verlangt, könnte man meinen, die Löcher werden mitgewogen.

UELI: Qualität hat ihren Preis. Also guat, ich gebe zu, Jodeln ist nicht jedermanns Sache. Aber ich habe noch einen ganz anderen Trumpf: So Schwob, jetzt pass mal auf, hä!

(Holt sein Sackmesser raus.)

RÜDIGER: *(Zornig.)* Falls du es noch nicht begriffen hast, du oller Clown: Wir drehen hier nicht eine neue Folge von Heidi. Und auf den Musikantenstadel habe ich auch keinen Bock. Wir brauchen eine Idee, eine deutsche Idee! Hättest du die Güte, mir die Gelegenheit zu geben, nach zu sinnieren, was zu meiner Rettung führen könnte?

UELI: Ein Versuch war das Jodeln wert. Jo, dann denk halt amol!

RÜDIGER: *(Schreit)* Tu ich ja! Aber dazu brauche ich Ruhe, ganz viel Ruhe. Zu Hause hilft mir beim Denken meistens das da:

(Hält die Flöte unter Uelis Nase.)

Entspannende Musik, verstehst du? Meditationsmusik! Ruhe jetzt, absolute Ruhe!

(Netzt sich die Lippen und setzt theatralisch 3 bis 4 mal an und beginnt dann zu spielen.)

#003: Celine Dions My Heart Will Go On (Fake/falsche Töne)

(Ueli hält Ratten auf Stäbchen hoch.)

UELI: Das erinnert mich an den Rattenfänger von Hameln *(lacht vergnügt und denkt laut)*: Aber halt mal: Wo Ratten, da auch Land. Oder wo sollten sie denn sonst herkommen?

(Rüdiger hört auf zu spielen.)

RÜDIGER: Träum weiter du Rösti-Denker. Die Ratten verlassen das sinkende Flugzeug

(lacht schallend). Ich und die Ratten scheinen die einzigen Überlebenden zu sein.

UELI: *(Schreit)* Und ich! Ja, da muass ma halt s'Beschte druus macha.

RÜDIGER: Das Beste? Das Beste! Ich glaub`s nicht! *(Zu sich)* Der geht mir sowas von auf die Eier!

(Sie kraulen und schwimmen.)

UELI: Ich glaub, ich hab ein U-Boot gehört. Ganz deutlich! Hurra, wir sind gerettet.

Hoffentlich ist es nicht der orange Staubwedel (*gemeint ist Trump*) oder gar der Putin. Weiß gar nicht, vor wem ich mich mehr fürchten soll: Von einem offensichtlich geistig Verwirrten oder vor dem gemeinen Russen?

RÜDIGER: Russen, Russen! (*sieht in die Luft, Sabber rinnt runter*) Was würde ich jetzt für einen geben, schön in Essig eingelegt.

Das war kein U-Boot, das war mein Magen, du Alpi!

Musste dieser Vogel so schnell abstürzen? Ich wollte gerade in diese leckeren Tortellini beißen, da ging es schon bergab. Mir blieb der Bissen geradezu an der Decke stecken. Ich muss was essen.

(*Kramt in seinem wasserdichten Seesack neben sich und holt ein Jausenbrett hervor. Grinst hämisch und nimmt eine Bockwurst hervor und beißt genüsslich hinein. Auch Ueli wühlt in seinem Rucksack.*)

UELI: Me too! Wilhelm Tell sei Dank, gibt mir mis Mammi alawies ötschis mit.

Meine Mutter denkt immer, wenn ich ins Ausland gehe, muss sie mir Essen mit auf den Weg geben und packt mir ständig Znüni und Zvieri für mindestens drei Tage ein. Scho varuckt, abr uhuraliab, mei, mis Mammi.

RÜDIGER: Deine was, bitteschön? Mami??? Ist das etwa deine Mutter? Du wohnst doch nicht mehr bei deiner Mutter? (...) Meine Mutter habe ich schon längst im Altersheim entsorgt. (*Schaut hämisch.*)

UELI: Das Altersheim ist das KZ der Kapitalisten. Bei uns in der Schweiz wird Fämily noch groß geschrieben. Wir halten zusammen wie Päch und Schwäfel, Gottfried Stutz!

RÜDIGER: Jaja, schon gut, habs verstanden, Ödipussi. Gottfried Stutz? Sogar beim Fluchen denkt ihr an euer Geld. Ihr Schweizer denkt den lieben langen Tag nur an eure Stutz. Geldgieriges Völkchen. So viel zu Kapitalismus (*kaut mit offenem Mund*).

UELI: Wir? Geldgieriges Völkchen? Welche Gattung der Europäer wollte die ganze Zeit ein „S"-Konto in Züri oder Gänf eröffnen? Wir Schweizer brauchen keine S-Konten!

(*Tablett raus! Kurzes Schweigen. Holt aus seinem Rucksack mit Schweizerkreuz ein Schneidebrett hervor, dasselbe wie Rüdiger. Dabei fällt ein Goldbarren aufs Tablett*).

RÜDIGER: Ahhh, das Tablett wohl auch im Flugzeug gefunden? Ja ja, ein ehrliches Völkchen. Und was ist das denn? Das ist doch nicht etwa das, was ich denke?

UELI: Das Tablett muss mir beim Absturz in den Rucksack gefallen sein. Ich weiß nicht, was du denkst, aber es ist eine ehrliche Währung.

RÜDIGER: Du nimmst Gold mit auf Reisen? Zumindest fressen kannst du das Gold nicht.

UELI: Nur Gold – da schau mal! (*Öffnet die Schwimmweste, die vielen Golduhren und Schmuck kommt kurz zum Vorschein*). Das ist eine reine Sicherheitsmaßnahme gegen Inflationäres im Ausland – packt auch s`Mammi ein. Ja, da fällt der Zusammenhalt nicht schwer, hehe.

Aber Moment, so wie ich mis Mami kenne...

(*Kramt im Rucksack und holt ein Mini-Fondue-Set = Vanillepudding und wärmt es mit dem Feuerzeug*). Ich habe auch Gold dabei, das man ESSEN kann!

RÜDIGER: Das will ich sehen!

UELI: Das ist eine Appenzeller Fonduemischung, nicht nur sehr, sehr, sehr, sehr fein, sondern davon bekommt man auch Kraft, Kraft, Kraft. Davon kannst du nur träumen, du Bockwurst-Tarzan.

(Ueli zündet eine Kerze oder nur sein Feuerzeug an, reißt ein Bürli = Handsemmel in kleine Stücke = gerade Kante vorgeschnitten, mit Zahnstochern zusammengehalten.)

RÜDIGER: Träumen von was? *(Reißt ihm die Packung aus der Hand:)* Fond-u-e? *(ausgesprochen wie geschrieben)*

Bei aller Liebe, ich hörte aus verlässlicher Quelle, dass euer Leibgericht ähnlich riecht wie wenn ein Bauer Jauche ausbringt... Ne du, beim besten Willen würde ich derart Zeug nicht in meinen Prachtkörper lassen!

UELI: Fondue, heißt das, F-o-n-d-u-e. Das ist Französisch und heißt geschmolzen. Aber wem erzähle ich das? Bei einem vom Ruhrpott ist Hopfen und Malz verloren... Und träumen kannst du von Kraft, Kraft, Kraft, du Dubel.

RÜDIGER: Klar, Mister Universum. Erstens bin ich nicht aus dem Ruhrpott, zweitens haben wir Deutschen aus Hopfen und Malz das Reinheitsgebot erfunden. Ihr Schweizer bringt kein einziges trinkbares Bier zustande, also lass es, von Hopfen und Malz zu sprechen. Apropos:

Ich muss zugeben, auch die Ösis wissen, wie man Bier braut. *(Holt zwei Bier aus dem Rucksack.)*

UELI: So än Seich. D'Österricher könnand net amol Skifahra.

RÜDIGER: Auch wahr! Aber als wir vorhin die Zwischenlandung am internationalen Flughafen Hohenems gemacht haben, da hab ich mich – Moment – mit dem Bier hier eingedeckt. Na, du willst wohl auch eines?

(Hält zwei Flaschen Frastanzer s'Klenne Export = Drehverschluss hoch).

UELI: Jo, gera. Aber nur eis. *(Zeigt dabei mit drei Fingern. Rüdiger reicht ihm eine Flasche. Hält die Flasche hoch.)* Das kenne ich, han ich aber noch nia probiert. Normal trinke ich ausschließlich Bier us äm Volg.

RÜDIGER: Also da. Wollmer se reilassa?

(Ueli nickt.)

RÜDIGER: Dann lasse mer mal de Korke knalle (*Ploff Ploff*). Machma nen Neustart: Ich bin Rüdiger.

UELI: Rüdiger, Santé!

RÜDIGER: Hä? Ich dachte du heißt Üli. *(Lacht, setzt an und trinkt sein Bier auf ex!)*

UELI: Bei uns sagt man beim Anstoßen aus Höflichkeit den Namen des Gegenübers, du...

RÜDIGER: (*Trinkt auf ex aus*) Fertich! (*Hält die Flasche hoch.*) Und? Was machen wir mit dem Leergut?

UELI: Leergut? Leergut find ich voll doof. Vollgut finde ich voll gut.

Du kannst sie mit einer SOS-Nachricht als Flaschenpost ins Meer werfen, vielleicht findet sie ja einer in 100 Jahren!

RÜDIGER: Das war natürlich eine Fangfrage. Mir war von vornherein klar, dass ein Schweizer nichts mit Leergut anfangen kann. In Deutschland gibt es nicht nur auf Glas, sondern auch auf Dosen und Plastikflaschen Pfand. Der Umwelt zuliebe. Aber das scheint ja für den Rest von Europa ein Fremdwort zu sein. Ach so, ihr gehört ja nicht zu Europa. Her damit! Den Pfand schenk ich den Ösis nicht – und dir schon gar nicht!

(Rüdiger wirft die Flasche in seinen Rucksack. Ueli ebenfalls in seinen. Rüdiger holt sie zurück).

UELI: Danke für die Aufklärung in Sachen Umweltschutz, Doktor Sommer. Hättet ihr Deutschen nicht so viel an der Software eurer Autos geschummelt – ich sage nur das was hinten rauskommt – würde ich euch glatt einen Orden für Umweltschutz verleihen, haha.

RÜDIGER: Was hat denn das eine mit dem anderen? Ach, das verstehst du ohnehin nicht!

(Ueli öffnet das Käsefondue = Pudding, reißt das vorgeschnittene Brot in Stücke und isst.)

RÜDIGER: Boah, wie das stinkt. *(Hält sich die Nase zu bzw. steckt eine Wäscheklammer drauf.)* Das ist ja wohl das Ekelhafteste an Aufdringlichkeit, was ich je erlebt habe. Ihr seid noch schlimmer als die Chinesen, pfui Teufel!

UELI: *(Zeigt es Rüdiger und tippt aufs Fondue)* So etwas findet ihr Schwaben weder bei Aldi Süd und Nord schon gar nicht. Fondue gibt Kraft! Ich habe nie behauptet, ein Mr. Universum zu sein, aber ich war schon mal der Schwingerkönig in unserem Clöbb.

(Ueli taucht ein und isst genüsslich seinen Vanillepudding weiter.)

RÜDIGER: Swingerkönig? Du bist Mitglied in einem Swingerclub? Hut ab, hätte ich dir nicht zugetraut.

(Holt eine Bockwurst und Sauerkraut aus der Dose und verspeist sein Sauerkraut und die Bockwurst in einem Atemzug.)

UELI: Ja, und mein Clöbb ist eine Nazi-Mannschaft. Wir sind internazional unterwegs.

RÜDIGER: Eine Nazi-Mannschaft ? Und dann ist dieser Swingerclub voller Glatzen oder was? Stell ich mir lustig vor!

UELI: Wieso denn Glatzen, verstehe ich jetzt nicht ganz. Ja klar, wir haben für jede Sportart eine Nazi-Mannschaft.

RÜDIGER: Unglaublich, wer hätte das gedacht. Aber ihr Schweizer seid nicht die einzigen Patrioten dieser Welt.

UELI: Ja, im Patriotismus seid ihr Deutschen auch ganz groß mit eurer MFG.

RÜDIGER: A! F! D!

Nicht mein Fall. Ich sag immer: Alles fiese Dummköpfe, AfD eben.

Patriotismus ja, aber doch nicht mit diesem Sauhaufen.

UELI: Ach so? Das wundert mich jetzt ein wenig!

(Ueli holt sein Taschenmesser hervor. Klappt langsam eines nach dem anderen auf: Die kleine Klinge, die große Klinge, die Lupe, die Säge, der Zahnstocher etc. und möchte damit dem Deutschen imponieren).

UELI: Lug amal, das hier nennt man Besteck, falls dieser Begriff schon bis in den Ruhrpott vorgedrungen ist? Mit einem Schweizer Armeemesser kann man alles machen, aaaallles!

RÜDIGER: Ich sagte doch bereits, dass ich nicht aus dem Ruhrpott bin.

(Isst demonstrativ mit der Hand.)

Gib mal her! *(Rüdiger schneidet die Wurst und begutachtet das Sackmesser kritisch.)*

Was soll das sein? Ein Messer?

(Holt ein Überlebensmesser Marke Krokodil Dundee/Halloween-Machete aus Kunststoff hervor und hält es dem Schweizer unter die Nase:)

Das mein Lieber ist ein Messer!

(Lacht schallend.)

UELI: Das ist aber aus Plastik, guter Mann.

(Lacht ebenso laut.)

RÜDIGER: Natürlich! Sonst hätte ich ja gar nicht mitfliegen können, Schlaumeier.

UELI: Ich, ich, ich. Was für ein quasselnder Egozentriker!

RÜDIGER: Wer von uns zwei ist hier die narzisstische Quasselstrippe, hä? *(Eingeschnappt)* Ich wollte nur in Ruhe meine

Bockwurst verspeisen. Wie hast du das bloß durch die Kontrolle gebracht?

UELI: Ganz einfach: Ich hatte es irgendwo, wo keiner gerne reinguckt.

RÜDIGER: Du hast es in deinem Fondue versteckt? ... Und der Röntgenapparat?

UELI: Röntgenapparat? Dass ich nicht – haha – lache. Ich glaube, das willst du nicht im Detail wissen, wie ich es geschafft habe. (*Rüdiger denkt nach und schmeißt das Sackmesser zurück.*) Äs isch würkli sehr fein *(schmatzt bekömmlich)*. Möchtest du nicht doch etwas von Niveau probiera?

RÜDIGER: Nein, danke. Wie bereits gesagt: Ich esse nichts, das gleich riecht wie meine Socken nach einem harten Arbeitstag mit vielen Laufkilometern.

UELI: Deine Socken riechen nach einem Arbeitstag wie etwas, das ein Bauer ausbringt? Da wäre ein Besuch beim Doktor auch nicht verkehrt, hahaha.

Magnifique, der Piefke!

RÜDIGER: Moneyfick? Was ist denn das schon wieder für eine Ferkelei? Geht´s da um bezahlte Liebe?

UELI: Magnifique ist Französisch und heißt „großartig" oder „wunderbar", du Dubel. Und das ist nur eine Landessprache in meiner Heimat. Wie viele Sprachen habt ihr in Deutschland nochmal? Ah, nur eine! Verstehe. Außer natürlich den Tausenden eurer Zuwanderer.

RÜDIGER: (*Lacht*). Ja, klar: Das vervollständigt mein Bild von euch Schweizern. Zuwanderer-Probleme kennt ihr nicht bei euch? Rein kommt bei euch gar keiner, weil das „Boot ja voll" ist *(zeigt mit Fingern Anführungszeichen)*. Macht nur so weiter, und irgendwann ist dann jeder mit jedem verwandt.

UELI: Eba geall, du mich auch.

RÜDIGER: Ich merk schon, da kommen wir nicht zusammen. Es gibt Wichtigeres, als über eure Vorliebe, mit einem Verwandten was auch immer zu machen, zu reden.

UELI: Nochmal: Wir Schweizer fangen nichts mit unseren Verwandten an! Verstanden? Im Gegenteil: "Lieber den Keller voller Ratten, als die Verwandtschaft im Haus!"

RÜDIGER: Ja, ja wer`s glaubt. Reg dich doch nicht derart auf. Ich hab doch nicht dich gemeint, du wohnst schließlich noch bei deiner Mutter. (*Langsam überlegend weiter*) Das ist doch ganz was anderes. (*Nur die Mimik ohne Ton: „Oh mein Gott" - sieht angeekelt ins Publikum.*)

UELI: Na also, wird Zeit, dass selbst du das kapierst, hä?

RÜDIGER: Jjjjja! Anderes Thema (*schüttelt sich, sieht auf die Uhr*): Ich würde genau jetzt an der Hotelbar sitzen und mir ein lecker Bier nach dem andern reinzischen. Na ja. Aber viel wichtiger wäre, wenn wir einen Kompass hätten.

UELI: Was würdest du mit einem Kompass anfangen? (*Lacht.*) Wie es dein Zufall so will, habe ich einen dabei und zwar in meinem von dir derart belächelten Sackmesser ist einer ein-ge-baut!

RÜDIGER: Du gehst mir langsam so was von auf den Sack mit deinem „Sackmesser"! (*Überlegt*) Echt jetzt, `n richtiger Kompass? Na, auf was wartest du? Raus damit!

UELI: Hab ich doch längst gecheckt: Da ist Süden und da Osten. Und jetzt, Mister Jack Custo?

RÜDIGER: Na, auf was warten wir dann noch? Auf gen Süden, ist doch nie verkehrt, oder? Da wollten wir doch eigentlich eh hin, in die Wärme.

UELI: Also guat, da lang! (*Sie schwimmen in eine Richtung, kurze Pause.*)

RÜDIGER: Hoffentlich finden sie mich bald. Apropos finden: Ist es für dich nicht ein verdammt doofes Gefühl, wenn niemand nach einem sucht?

UELI: Wie meinst du das jetzt schon wieder? Natürlich sucht jemand nach mir.

RÜDIGER: Ja, ja jemand. Deine Mutter ... vielleicht. Ich meine das so (*zählt mit den Fingern*): Ihr Schweizer wollt in Europa leben, aber keine Europäer sein und nirgendwo dazugehören. Also bist du so etwas wie ein BREXIT für mich! Nicht mal die gleichen Steckdosen habt ihr.

UELI: Und weil wir nicht die gleichen Steckdosen haben, sucht niemand nach mir oder wie?

RÜDIGER: Nein, aber wir von der EU halten zusammen. Daher werde ich mit höchster Wahrscheinlichkeit gerettet werden – und zwar von der Europäischen Union höchstpersönlich!

UELI: Sieht man ja immer wieder euren Zusammenhalt! Hehe, warum nicht gleich von der Merkel persönlich? (*Mehr zu sich*) Brrrr, sie springt in einem roten Badeanzug à la Bey Watsch vom Boot um uns zu retten. Platsch! Was für ein Albtraumszenario!

RÜDIGER: Na ja. Also ich jedenfalls würde mich gerne von ihr retten lassen. Ich finde sie sieht für eine Ex-Ossi gar nicht so schlecht aus. Gut, an der Frisur müsste man was ändern, aber sonst. Ich weiß schon, vielen von euch Schweizern wäre natürlich ein knackiger Matrose tausendmal lieber, haha. Späßchen! Hör zu: Ich setze jetzt mal ein großes Zeichen für Charakter: Wenn sie kommen – die von der EU – werde ich ein gutes Wort für dich einlegen, einverstanden?

UELI: Ja, wenn du meinst!

RÜDIGER: Das ist alles, was du zu dieser großen Geste zu sagen hast? Ein bisschen Dankbarkeit wäre da schon angebracht.

UELI: Ja, aber wenn uns angenommen die Schweizer Flotte finden würde, würden sie keinen Augenblick zögern, auch dich zu retten, obwohl du ein Piefke bist. (*Murmelt*) Zumindest, wenn du einen gültigen Reisepass dabei hast.

RÜDIGER: Die Schweizer Flotte? (*Lacht dem Wahnsinn nahe*) Wenn wir darauf vertrauen, sind wir verloren. (*Schreit*) Verlooooooooren! Wir sind dem Tod geweiht! Ich bin am Ende meiner Weisheit! (*Pfeift mehrmals in die Pfeife.*)

UELI: Na, na, na, (*Zieht Rüdiger die Pfeife aus dem Mund*). Nicht so schwarzseherisch. Das Ende deiner Weisheit ist der Anfang meines Hausverstandes. Wir Schweizer kriegen bereits in Kinderschuhen, und dann im Militär, einen Grundsatz mit auf unseren Lebensweg, nämlich: „If nothing going wright, go left!" Also: Wir schwimmen links und basta.

(*Schwimmt mit großen Armbewegungen hastig zum Bühnenrand. Jeder Selbstgespräche mit Spott über den anderen: „Der Piefke geht mir sowas von auf den Geist!"*)

(Licht düster werdend faden bis zum Black!)

(Langsam wieder heller bis ganz hell!)

(*Ueli schreit laut auf.*)

RÜDIGER: (In *Panik*) Waaas???

UELI: D-d-d-do isch öppis gsi. Da war was! Mich hat was gestreiiiiift!

RÜDIGER: Ja, was denn?

UELI: (*Sichtlich verängstigt*): Das weiß ich doch nicht, das ist doch nicht etwa…ein Haiaiaiaia!

#005: Jaws1 Musik vom weißen Hai und blitzendes Licht dazu.

(*Rüdiger bindet Ueli los und schupft ihn von sich! Wirft eine Wurst als Köder rüber. Ueli schreit erneut, diesmal noch lauter und pfeift in die Trillerpfeife vor Panik.*)

UELI: (*Völlig in Panik, außer sich*): Än Hai, än Hai, er will mich fressäää.

Friss des Schwobawürschtli, net mi. Ich bestoh doch nur us Chääs, us stinkigam no dazua. Der da aber bestoht us Suurkrut und Wurscht! Da kannsch du danoch au guet ufs Hüsli.

(Fängt an zu pfeifen, immer schneller. Rüdiger pfeift nun auch panisch mit, fiofipfipfiiiiiiiip)

RÜDIGER: Huch, jetzt hat er mich auch gestreift, oh shit Frau Schmidt! Aaaah! ...

Moment mal, der Hai ist regungslos und hart wie Stein. *(Fühlt unter Wasser)*

Das ist ein Stein! Land, LAAAAAAAAAAAAAAAAAAAND, wir sind gerettet.

UELI: *(Perplex)* Stei? Laaaaaaaaaand!

(Krault immer noch im Sand mit großen Armbewegungen. Beide pfeifen wieder aufgeregt und stehen langsam auf.)

Ich muss noch das Meer abstreifen! *(Zieht blaue Folie weg und rollt sie zum Bühnenrand.)*

(Immer noch düsteres Licht.)

Bild: C_Island einblenden oder C_Beach
#006: Auf der Insel Wellen am Strand: Musik im Hintergrund in Dauerschleife

RÜDIGER: Da ist tatsächlich Land unter meinen Füßen. Hurraaaa! *(lässt die blaue Folie langsam runter).* Ich habe es geschafft. Ich habe eine Insel für uns gefunden.

(Richtung Publikum) Ich bin suuuuuper, ich bin ein Heeeeeeld!

UELI: War ja klar, du Held. Die Deutschen findet selbst die entlegenste Insel, das ist nichts Neues. Aber war nicht der rettende Instinkt eines Schweizers, der ausdrücklich den Befehl, links zu schwimmen gab, maßgeblich an dieser Strandung der Erfinder? Wer sollte also diesen Orden kriegen?

RÜDIGER: Ich seh schon die Schlagzeilen vor mir: „Völlig durchtrainiertem Held namens Rüdiger Meier gelingt das Unmögliche!"

(*Rüdiger zieht dabei seine Schwimmweste aus und wirft sie an den Bühnenrand bzw. ins Publikum. Wird von Ueli unterbrochen, packt ihn am Arm.*)

UELI: Das holst du augenblicklich wieder raus, du du du gruusiga Umweltsünder. Wenn das die Greta Thunfisch gesehen hätte, wäre jetzt der Devil los! Satan, wenn da besser verstehsch!

RÜDIGER: Ja, du Saubermann! Aber Leergut ins Meer schmeißen wollen. (*Zieht mit dem Finger am Auge*) Thunberg heißt sie, Thunberg! (*Holt die Schwimmweste wieder, spricht mehr zu sich.*) Wo wir hier wohl gestrandet sind? Vielleicht sind wir hier sogar in Deutsch-Südostafrika, das gehört ja ohnehin noch uns.

UELI: Welche Insel ist mittlerweile k e i n e von Deutschen überschwemmte Kolonie?

RÜDIGER: Ich fühle mich ein wenig wie Robinson Crusoe. Du weißt schon der, der...

UELI: Jaaa, der jahrelang auf einer Insel wie dieser fest hing. Wer kennt den Caruso nicht? (*Tu sich*) Ich bete, dass mir das nicht mit dem do passiert!

RÜDIGER: Ich wollte mit dem Urlaub, den ich 5 vor 12 gebucht habe, so richtig runterkommen. Aber dass ich derart schnell runter komme, hahaha. Eigentlich wollte ich von vornherein gen Italien, hätte ich mich bloß nicht umentschieden (*seufzt*). So ein Jammer!

UELI: Sag bloß, du hast keine Genitalien? Und für was hast du dich dann umentschieden? Männlich oder weiblich oder gar b e i d e s ? Bist du etwa ein Transgender? (*Schaut ihn groß an.*)

RÜDIGER: Oh Mann, deutsche Sprache schwere Sprache. (*Greift sich an den Kopf*) Ich wollte <u>nach</u> Italien und ich bin kein Tramsgender, kapiert!? ...

Vielleicht ist diese Situation ja mal was um richtig zu entschleunigen.

Ich träume, wir zwei, Selbstversorger in einer gemütlichen Hütte... (*Sieht träumend in die Luft*)

UELI: Bei Tell, das wäre wunderschrecklich, die finden uns ganz bestimmt. Die finden uns, die finden uns... (*sucht verzweifelt den Himmel ab*)

RÜDIGER: Apropos finden: Ob wir hier wohl einen Freitag finden? Und das wichtigste, ob der jagen, kochen, putzen, servieren und Bier holen kann? Obwohl, dann wäre es ja eine Frau Freitag, haha, wär mir aber so gesehen viel lieber. Eine mit so richtig drallen... (*zeigt mit den Händen großen Busen*).

UELI: Klaro, ein Sklave für den Deutschen Herrn, das habt ihr immer schon bestens hingekriegt in euren Kolonien und dazwischen wieder ein kleiner Holocaust, hä?

RÜDIGER: (*Tippt Ueli auf die Brust*) Wenn ihr Schweizer in eurer Geschichte einmal einen Fuß, außer in einem Billigland einzukaufen, über eure Landesgrenzen gesetzt hättet, hättet auch ihr Sklaven gehabt. Ihr habt durch zahlreiche Ösis, Itaker und anderen Sozis, die bei euch arbeiten, die Sklaverei erst wieder so richtig in Schwung gebracht.

UELI: Klar, Deutschland ist für seine humanitären Lösungen ein „Aushängeschild". Wir sorgen nur dafür, dass Menschen aus diesen Entwicklungsländern – zu denen ich übrigens auch Deutschland zähle – eine faire Chance geboten wird, um endlich ein paar Kölla zu heuschen. Fränkli, also Schweizer Franken, kapiert?

RÜDIGER: (*Winkt ab*) Wie auch immer... Ich schlage vor, wir erkunden die Insel und was wir davon einnehmen können!

UELI: (*Legt seine Hand auf die Stirn, zieht an dem Faden: Kleines weißes Wölkchen fällt in Nylonschnur):* Oho! Diese Cumulus-Wolken kenne ich, das ist keine gute Idee, da braut sich was zusammen, das gibt ein uhura Wetter. Die sind bei uns in den Bergen auch immer so. Das gefällt mir etz gar nicht. Das ist eine

Gewitterwollke, steht ja drauf! *(Zieht an Schnur, damit dünnes bemaltes Pappwölkchen von der Bühnendecke zu Boden gleitet).*

RÜDIGER: Da könntest du ausnahmsweise mal recht haben, sieht echt gefährlich aus. Wir sollten uns eine Unterkunft bauen. Aber wie denn und vor allem mit was?

UELI: Natürlich mit dem was die Natur und das Meer hergibt.

RÜDIGER: Mit Fischen oder Muscheln? Das geht doch nie.

UELI: Quatsch! Nein, natürlich nicht *(geht an den Bühnenrand und zieht die Plastikplane heraus).* Mit Plastik, mit was denn sonst? Das ganze Meer ist voll damit.

RÜDIGER: Ach so, das meinst du. Gute Idee. Könnte von mir stammen!

#007: Sturmgetöse lauter werdend

UELI: Los, häbb di dranna, bevor der Sturm so richtig losgeiht!

(Schreien sich an, Sturmgeräusche, Blitz, Blech, Mikro unterstützt von Technik, Licht etc.)

(Legt die Perücke von rechts nach links. Sturmgeräusche, ev. Stroboskop. Donnerblechplatte ans Mikro. An Gießkanne mit Schnur von der Decke ziehen. Rüdiger zieht an einer an der Decke befestigten Gießkanne und überschüttet sich damit.)

RÜDIGER: Diese Gischt ist ein Waaahnsinnn!

UELI: Waaas geht mich deine Gicht an??? Wir müssen das Haus baueeen!

RÜDIGER: Jaaa! Was soll ich machen? Waaas denn?

(Gesicht vom Sturm selbst bewegen, Plane auf und ab bewegen, immer wieder Frisurspiel)

UELI: Ja, schaff halt amol, nei, nei ned aso!!! Net zücha, rolla loh, rolla loh. *(Zelt steht.)*

(Sie sind völlig durchnässt und außer Atem und als sie in den Unterschlupf kriechen ist alles vorbei und die Sonne kommt.)

UELI: Pflätschnass! Also Handwerker bist du keiner. Du hast in dieser brenzligen Situation nicht unbedingt als ein Plus geglänzt. Ich Handwerker, du Hausmann.

RÜDIGER: Soll heißen?

UELI: Soll heißen, du scheinst des Handwerkers oberstes Gebot nicht zu kennen, was wie lautet: Der Hammer muss vom Daumen getrennt bleiben. Oder in anderen Worten: Ein Blinder sollte kein Brillengeschäft eröffnen, verstanden?

RÜDIGER: Ne, verstehe ich nicht. Wir haben schließlich gar keinen Hammer. Aber eines ist gewiss: Wir Deutschen sind Weltmeister im Häusle bauen.

UELI: Vergiss das mit dem „Wir-sind-Weltmeister"-Quatsch. Im anderen auf die Pelle zu rücken, Liegestühle zu reservieren usw. kommt von mir ein großes Jaaaa, aber das wars dann auch schon.

RÜDIGER: Und im Fußball und im Papst werden und etlichen anderen Sportarten?

UELI: Im Papst werden seid ihr also auch Weltmeister, wegen einem alten Knochen den ihr angebracht habt und der jetzt das römische „dolce vita far niente" genießt. Frühzeitigen Ruhestand und so, ihr fleißigen Deutschen.

RÜDIGER: Ich vermute, du unterschätzt uns Deutsche und auch meinen Berufsstand. Drum hör dir jetzt mal mein Geschäftskonzept an, du Gratin:

#008: Gesangseinlage mit Playback: BSB Haushaltsprinz is back

DER HAUSHALTSPRINZ IS BACK!

Am   F   E
Ihr schönen Frauen hier, yeah!   Yeah!
Am   F   E
Kommt und gebt es mir, yeah!   Yeah!
Am   F   E   Am
Alle Frauen hier, kommt und gebt mir Dreck!
F   E   Am F   E Am
Der Haushaltsprinz ist back!
Am   F E
Oh, mein Gott, hier ist ein Fleck!
Am   F E
Und dein Mikrofasertuch ist weg!
Am   F E
Die Lösung dafür liegt so nah,
Am   F E
mit meinen Wischmopp mach ich alle klar
Am   F   E
Ist das nicht wunderbar? Yeah!   Yeah!
Am   F   E
Auf meinen *Putzbasar*! Yeah!   Yeah!
Am   F   E
Mit meinen Staubwischer? Yeah!   Yeah!
F   E
Oben unten in der Ritze,
Gsus4
schau wie ich schon für euch schwitze
Refrain:
Am   F   E
Für euch Frauen hier, yeah!   Yeah!
Am   F   E
Kommt und gebt es mir, yeah!   Yeah!
Am   F   E   Am
Alle Frauen hier, kommt und gebt mir Dreck!
F   E   Am F   E Am
Der Haushaltsprinz ist back!

UELI: Und das singst du dann den Frauen vor? Damit vertreibst du doch jede, du falscha Hinterstroßabua (*übersetzt für „Backstreet Boy"*).

Rüdiger Ne ne, hör zu, die Gedankenwelt der Frau ist einfach gestrickt. Du musst dich in dieses einfache Strickmuster einer Frau hineinfühlen, dann verstehen sie dich auch.

Im Klartext: Was denkt eine Frau? (*zählt mit Fingern auf*)
– Was ziehe ich an?
– Was koche ich?
– Wo räume ich zuerst auf?
– Wie unterhalte ich meine Familie?
– Und zu guter Letzt: Wie mache ich meinen Mann glücklich?

Und für all diese Punkte habe ich die Lösung, kapiert? Von mir kriegt die Frau alles vom Topf über den Lappen bis hin zum Vibro, wenn du verstehst was ich meine? (*Zwinkert*)

UELI: Ich glaube ja. Ein Optimist bist du zumindest, das muss man dir lassen, du Hero. Aber: Bei uns in der Schweiz sind solche Haushaltswarenhuren wie du nicht besonders beliebt.

RÜDIGER: Du hast mich nicht eben Haushaltswarenhure genannt? (*Drohend!*)

Ich bin Fachmann und komme ausschließlich gegen vorherige Terminvereinbarung. Und eines kannst du mir glauben: Auf einen Termin mit mir wartest du länger als bei einem Facharzt, du Bauerntölpel.

(*Rüdiger packt Rucksack aus und geht ins Zelt.*)

RÜDIGER: (*Kommt wieder aus dem Zelt und schnuppert in der Luft schnief, schnief*) Oh mein Gott, ist bei dem Sturm dein Fondue im Rucksack ausgeronnen? (*Rüdiger kotzt beinahe.*)

UELI: Nei, das habe ich gegessen (*schaut unschuldig*). Was bei euch die 3G`s sind sind bei uns Eidgenossen die 5Z`s: Z`Morga, Z`Nüni, Z´Mittag, Z´Vieri und Z´Nacht.

RÜDIGER: Es ist doch nicht das was ich denke, ne, oder?!

UELI: Eines kannst du mir schon glauben: Ein Darmwind, wie man so schön in eurer Sprache sagt, ist die beste Verteidigung. Da greift dich keiner von hinten an.

RÜDIGER: Das ist eure Geheimwaffe. Jetzt wird mir einiges klarer. Bei einem Angriff steht eure Armee mit dem Rücken zum Feind und furzt die Invasionstruppe einfach weg!

UELI: Quatsch! Aber ich habe so meine Hausmittel, wenn mir jemand auf die Pelle rückt.

RÜDIGER: Das ist ja ekelhaft. Das Maß ist voll! Und lass dir nicht mal im Traum einfallen, dieses Hausmittel in meinem Haus zu verdampfen, sonst krachts!

UELI: Das Maß ist eben nicht voll – ich sag bloß München. Aber mach nur, du, dann wirst du die Blutgrätsche kennenlernen! Läck du mich doch am Tschöple!

(Rüdiger packt Rucksack aus und geht ins Zelt. Kommt nach kurzer Zeit wieder raus.)

RÜDIGER: Ich werde erst mal meine Klamotten trocknen und pflegen.

(Schüttelt die Klamotten in den Wellen aus. Holt virtuelles Reisebügeleisen hervor und bügelt es auf dem Bügelbrett. Klapp, Kratsch, Zisch, Plotz...)

UELI: Gut, dann mache ich solange meine Taekwondoübungen! Heiaaa! *(Macht wirre Bewegungen in der Luft.)*

RÜDIGER: Du machst Taekwondo? Du schaffst es immer wieder mich in Erstaunen zu versetzten!

UELI: Selbstverständlich!

(Rüdiger steht mit dem Rücken zu Ueli und der greift in Rüdigers Rucksack, nimmt ein Bier heraus und trinkt es auf ex weg. Rüdiger bemerkt das und reißt Ueli den Rucksack aus der Hand.)

RÜDIGER: Das glaube ich jetzt aber nicht! Du vergreifst dich an meinen kostbaren Lebensmitteln? *(Rupft es ihm aus der Hand.)*

UELI: Ich habe doch gesagt, ich mache unterdessen etwas Taekwondo. Mit deinen Englischkenntnissen steht es auch nicht zum Besten! Take one do - also - „Nimm eins von da".

RÜDIGER: Der wieder! Mit deinem Humor kann ich rein gar nichts anfangen kann!

(Rüdiger hört auf zu bügeln, klappt sofort seinen Mini-Liegestuhl auf und legt ein Handtuch darauf):

Re – ser – viert!!!

UELI: Weiß doch jeder, Weltmeister eben.

RÜDIGER: *(Bügelt weiter)* Ich hab einen riesen Kohldampf. Wie stehts mit dir? Feuerchen? Grilli, Grilli?

UELI: *(Zu sich)*: Oh bei Wilhelm, ich muss versuchen, das sprachliche Niveau von diesem Ossi nicht zu nahe an mich rankommen zu lassen. Ich spiele einfach mit.

(zu Rüdiger): Ja, natürlich, ich verhungere, ich habe auch eine Gulaschsuppilili für Feuerli dabei.

RÜDIGER: *(Zu sich)*: Er hat jetzt schon den Inselkoller. Ich mach einfach mit und tu so als ob nichts wär.

(zu Ueli): Ja, dann sollten wir ein wenig Holzili, Holzili sammeli. *(Sammeln Holz am Boden)*

UELI: Sag mal, hättest du die Güte wieder wie ein Normaler zu sprechen? In diesen Sätzen sind mir einfach zu viele Lillis drin.

(Sie wandern auf der Bühne und sammeln virtuelles Holz auf. Rüdiger verfällt ins Träumen, Hand auf Stirn, stöhnt.)

RÜDIGER: *(Traurig)* Ohhh Lilli... Musstest du diesen Namen erwähnen? Lilli hat mich erst vor kurzem verlassen.

UELI: An was ist sie denn gestorben?

RÜDIGER: *(Wütend)* Sie ist nicht gestorben, du Alpi, sie hat mich wegen einem anderen verlassen. MICH!!!

UELI: Das wundert mich jetzt *(Pause)* gar nicht.

(Rüdiger sieht ihn genervt an. Ueli will sich ans Lagerfeuer setzten.)

RÜDIGER: Ach! (*Winkt ab, zieht sich um, Fliege auf Klapparmband und Jackett an*)

Wie siehst du denn aus? Ein wenig Etiquette würde dir zum Essen auch nicht schaden!

UELI: Hab ich doch. (*Zeigt auf das Etikett auf der Gulaschsuppe*).

(Beide setzten sich und entfachen virtuelles Lagerfeuer: Anzünden = zisch, flacker, flacker.

Ueli steckt virtuellen Schübling auf einen Stecken = brutzel brutzel. Rüdiger öffnet eine virtuelle Gulaschsuppendose = blubber blubber, kostet und fragt nach Gewürz.)

UELI: Ahhhh, a uhura feine Gulaschsuppa. (*Reicht Rüdiger eine Gulaschdose, darin befindet sich eine kleinere Dose mit Ananasstücken.*)

RÜDIGER: Ist das nicht eher eine Kartoffelsuppe ohne jeglichen Geschmackverstärker?

Du hast nicht rein zufällig Pfeffer dabei, weil ich bin ein ganz Scharfer! (*Zwinkert Ueli zu.*)

UELI: Natürlich! (*Greift in Rucksack und holt Pfefferspray raus, sprüht in Rüdigers Dose: Pfff, pfff!*)

RÜDIGER: Danke, Meister (*und kostet*). Uuaaahhhhhhhhhhhhhhhhh!!! Was ist das denn?

(Spuckt, die Augen tränen, reißt schließlich Ueli den Spray aus der Hand und liest!)

UELI: Pfefferspray, was sonst, steht doch drauf. Ich finde den sehr praktisch für die Reise! (*Blinzelt mit den Augen*) Ist wirklich scharf!

RÜDIGER: Der geht mir so was von auf die Nerven. Pfefferspray, klar, knack dir eine Ecke ab, bei dir sind eh bereits mehrere Ecken abgeknackt!

UELI: Natürlich, darum ergibt meine Person so ein rundes Bild ab, alles fließt sozusagen.

RÜDIGER: Pfefferspray ist zur Selbstverteidigung du, du... Vergiss es! Ich brauche jetzt dringend etwas für den Magen, der dank dir so richtig schmerzt. Wie bekommt man so was durch die Kontrolle? Verstehe ich nicht.

UELI: A: Verteidigen tu ich mich mit dem da (*holt E-Schocker raus*), B: Ich hab was für den Magen und das nicht zufällig (*holt Appenzeller-Schnaps raus*), und C: bei der Kontrolle hab ich gesagt, das ist mein Deo und bevor du mit der nächsten dämlichen Frage kommst (*schaltet E-Schocker ein*), da hab ich gesagt, es ist mein Rasierapparat.

RÜDIGER: Und das haben die geglaubt? Schenk ein, aber nicht zu knapp, wenn ich bitten darf!

(*Ueli schenkt in zwei Gläser den Magenbitter, sie stoßen an. Rüdiger hat danach einen Hitler-Schnauz im Gesicht. Ueli zeigt auf ihn und lacht = Hitlerschnauz in ein Glas platzieren.*)

RÜDIGER: Mmmhhh! (*In Hitler Betonung:*) Was ist denn das für ein Teufelszeug?

UELI: Das ist kein Teufelszeug, das ist ein Appenzeller. Übrigens: Wusstest du, dass viele Menschen nach der Einnahme von Alkohol ihr wahres Gesicht zeigen?

RÜDIGER: (*Immer noch in Hitler-Befehlston*) Mach noch einen drauf, Kamerad! (*Hält Ueli das Glas hin*).

UELI: (*Hält Spiegel hin*) Ja wenn du meinsch! Aber eis säg ich dir: Der fegat würklich!

RÜDIGER: (*Wischt sich ohne Kommentar den Schnauz herunter*) Ja, der fegt wirklich! Es ist an der Zeit, die Nachtruhe einzuläuten. Heidschibumbeidschi, wenn du verstehst? Ich brauche schließlich meinen Schönheitsschlaf.

UELI: Dann hast du in letzter Zeit aber nicht sehr viel geschlafen.

RÜDIGER: Ja, aber du! *(Torkelt ins Zelt.)*

UELI: *(Tai Chi)* Haiii!

RÜDIGER: *(Im Zelt)* Boah, ist das Dunkel. Da stolpert man über die eigenen Füße.

UELI: Das kann mir nicht passieren, schließlich habe ich eine Leuchtpistole dabei.

RÜDIGER: *(Stürmt aus dem Zelt)* Wie bidde, du hast eine Leuchtpistole dabei und sagst keinen einzigen Ton? Her damit!

(Rüdiger reißt sie Ueli aus der Hand, zielt auf gen Himmel, drückt ab und die Lampe geht an.)

RÜDIGER: *(Zu sich selber)* Was ist das denn? Der ist doch das größte Rindvieh, das ich kenne. *(Äfft ihn in Schweizer Hochdeutsch nach)* „Ich habe eine Leuchtpistole dabei". Mann, mir reichts!

UELI: Ja, was soll denn das sonst sein? Und mit der hatte ich die größten Probleme durch die Kontrolle, du männliches Schafsglied – oder wie sagt man zu „Schofseckel" uf Hochdütsch?

(Ueli genehmigt sich noch einen Schnaps.)

UELI: *(Zu sich selber)* De hura Piefke. Mir langts au hüt. Ich gang au ge schlofä. *(Ueli geht jetzt auch ins Zelt hinein).*

RÜDIGER: Ah, doch schon da. Hast wohl Schiss alleine im Dunkeln, was? Ich hoffe doch sehr, du schnarchst und furzt nicht. Und berühre niemals meine Haut. Und lass bloß deinen Hintern drüben, und dein Vorderteil sowieso, denn wenn du mir zu nahe... *(ZISCH durch E-Shocker! Rüdiger schreit, dann ist Ruhe.)* Aaaaaaah!

UELI: Dir au a guats Nächtli. Ich läse noch än Krimi!

Black.

#009: Ohne Krimi geht die Mimi nie ins Bett (fertig spielen 3:03)

Pause

Umbau & Requisiten herrichten während Pause:

RÜDIGER: 90er-Trainingsoutfit, Radio, Gesichtsmaske (Avocado-Dip), weißes Handtuch, Hanteln, Eieruhr, 2 Schürzen

UELI: Lange weiße Unterhose mit braun-gelben Flecken, viel zu enge Lederhose, ausziehbares Reise-Alphorn, Schokomus, Küchenrolle, E-Shocker

Teil 2

A3: Video-Einspielung Hübsche Frau im Bikini mit Box-Tafel „TAG 1" Panorama oder Close-Up (10 Sek.)

(Gedimmtes Licht, das immer heller wird.)

#010: Laute Schnarch-Furzgeräusche (leise im Hintergrund laufen lassen!)

(Bandi und Thomas als H. C. Strache und Gudenus verkleidet huschen über den Bühnenrand.)

Strache: *(Ur-Wienerisch, beide ziehen nervös an Zigarette, Dämmerung):* I glaub do sammr sichr, da hört uns kaana.

Gudenus: Glaubst du, unsre Villa is ned sichr, do is kaa Maulwurf weit und breit, Oida?

(Die beiden entdecken das Zelt.)

Strache: Wos i glaub.... he wort amoi, jetzt schau amoi do, wos is denn des? Stranden jetzt de deppatan Flüchtling scho auf Ibi? Solche Gfrasta. I frog mi, wos de vo de Frontex überhaupt mochan, no de wärn wos hean vo mir.

Gudenus: Frechheit!!Jo solli, solli? *(Finger zu Pistole geformt, möchte auf das Zelt schießen.)*

Strache: Na, wortamoi, des machma ned sölwa. Mir schleichn uns gonz unauffällig, do kimma eh ned redn, auf, mir gengan zur Olli.

Gudenus: Wölche Olli? Mir gengand jetzt oba net Griechisch essn? Wos für an Olli, Heinzi?

Strache: Wos isn dea für a Koffa? *(Zu sich)* Griechisch essen, i? Heit kimmt doch de Olli in de Villa, du waast scho... *(Wartender Blick)* Na de Gschtopfte, de in da Nächen vom Kreml wohnt, host mi jetzt, Oida?

Gudenus: Ah, du maanst de ahne, die für ihre Zehnnägl an Woffnschein braichat?

Strache: Richtig, genau de. Auf gehts, kim jetzt, des do reglma späda!

(Technik: langsam werdend heller, TON #010 aus!!!)

(Rüdiger kommt im Neonanzug mit Stirnband und Hanteln vor das Zelt. Ueli mit Klett-Nikolausbart im Zelt wartend.)

RÜDIGER: *(Seufzt)* Eine herrliche Nacht, so gut habe ich lange nicht geschlafen. Aber mein Arm. Sind das Mückenstiche? Und was dieser seltsame Traum wohl auf sich hat, Olli? Mehr weiß ich nicht mehr, man sollte seine Träume filmen können, das wäre schön.

(Schaltet kleines Radio mit 80er AEROBIC-Musik in großer Lautstärke an, in beiden Händen kleine Hanteln, Schweißstirmband, beginnt dilettantisch Aerobicbewegungen zu machen.)

#011: Aerobicmusik Stayin`Alive einspielen (laut bis fade out)

RÜDIGER: Mit Sport vergisst man alles, erstmal Musik. *(Sucht Radiosender, streckt Antenne wild in Luft!)* Schlechter Empfang hier, na komm` schon, komm'! Yeah! Yeah! Yeah!

Bei der tollen Mucke gehe ich immer voll ab, da gehts mir gleich nochmal besser.

Yeah! Yeah! Yeah! Der Morgen ist gerettet. *(keucht).* Das tut jetzt wirklich gut, yeah! yeah! Und eins und zwei, yeah!

(Nach einer Minute) Boah, ich bin fix und fertig, hahaha. *(Rückt den virtuellen Spiegel zurecht, holt eine grüne Gesichtsmaske aus seinem Beautycase und trägt sie auf. Als sie oben ist guckt Ueli aus dem Zelt mit einem riesen Bart, Perücke, pfeift Lied mit, Lockenwickler, Jelmoli-Pyjama. Sie sehen sich an und beide schreien wie am Spieß.)*

Ueli &**RÜDIGER:** *(Schreien/sprechen lipsynchron)* Aaaaah! Ein Eingeborener! Ah, du bist das, du Nervensäge, was ist mit deinem Gesicht passiert?

RÜDIGER: Was hast du in deinem Lederface? Und deine Haare?

UELI: Das ist ein Bart, du Dubbel. Bei mir groats halt schnell. Wir Schweizer sind halt ein rassiges Völkchen, hä. Und das sind natürlich nicht meine richtigen Haare, das ist meine Schlafmütze, um meine Frisur zu schützen, du Doppeldubbel. Und warum ist dein Kopf so grün? Ist dir schlecht?

RÜDIGER: Nein! Das ist eine Gesichtsmaske, du Vierfachdübel. Würde dir auch nicht schaden, du Faltengebirge. Ich möchte in 50 Jahren nicht so aussehen wie du jetzt.

UELI: (*Eingeschnappt*) Faltengebirge? Meine alpensonnengegerbte Lederhaut beschreibt meinen Gebirgscharakter. Eine jede dieser drei Falten erzählt eine wahre Geschichte aus dem Leben. Wenn du glaubst, du kannst deine Visage mit Pistazien-Joghurt noch retten, bist du auf dem Holzweg, dann kämpfst du quasi gegen Windmühlen wie Don der Schotte.

Und was ist das für eine schreckliche Musik? Die schalt ich jetzt ab! (Klickt auf Radiotaste.)

Technik: Musik aus!

Und dieser Anzug? (*Schüttelt den Kopf.*)

RÜDIGER: Don der Schotte? Don Quichotte heißt der. Hahaha, der Schweizer wieder. Pistazien-Joghurt, Hahaha. Mein Lieber, ist der neueste Schrei, Yetischädel. (*Fängt wieder an mit yeah! yeah! yeah!*)

Komm, mach mit. Mach doch mal einen Powermove!

UELI: Bauermoof? Ist das nicht ein Sport für Mädchen? Ich mache Sport, aber eben richtigen. Neben dem Schwingen ist Hornschlittenfahren meine Passion.

RÜDIGER: (*Winkt ab*) Ich lass mir mein Trainingskarma nicht vermiesen. (*Schaltet Radio und Musik wieder ein.*)

Technik: Musik an!

Poppen in Swingerclubs zählst du zu einer Sportart? Hornschlitten fahren passt zu dir, du Horny.

(Ueli zündet eine Zigarette an, Rüdiger stoppt sofort die Übungen und schaut grimmig.)

RÜDIGER: Du Rauchst? Hier!

UELI: Ich rauche nicht, ich mache Lungenjoga. *(Tai Chi)*

RÜDIGER: Lungenjoga? Du bist ja schlimmer als unser Altkanzler. Bei uns in Deutschland ist ein generelles Rauchverbot an öffentlichen Plätzen, du unverantwortlicher Krankmacher!

UELI: Das hier ist kein öffentlicher, sondern ein privater Bereich.

RÜDIGER: Öffentlich!

UELI: Privat!

RÜDIGER: Öffentlich! Aus einem einfachen Grund: Wenn mehrere Personen auf einem Deutschen Territorium wohnen, ist das Rauchen untersagt. Und wer ist jetzt der Doppel-Dübel?

UELI: Dubbel meinst du! Dann twitter es doch der Merkel. In der Schweiz darf man, je nach Region, sogar in Gasthäusern rauchen, weil wir nicht derart kleinkariert sind und in eine Privatwirtschaft eingreifen. Das ist auch Teil des Erfolges unseres geliebten Landes. Für mich ist das hier eindeutig Schweizer Territorium, weil ich der Erste war, der an Land ging. Schluss, Punkt, aus.

RÜDIGER: Unverantwortungsvolle Egoisten seid ihr! Wenn ich Empfang hätte, würde ich deiner Muddi eine SMS senden und ihr über dein unmögliches, anti-humanitäres Verhalten berichten. Ah, jetzt geht dir der Arsch auf Grundeis, du H-O-R-N-I-E. *(Wird von Ueli unterbrochen.)*

UELI: Moment mal: Hast du Horny gesagt? *(Rüdiger reißt schützend die Arme hoch, da er einen Angriff von Üeli erwartet.)* Das ist genial, bei Horny läuten bei mir alle Glocken *(spielt mit drei*

Glocken eine eingängige Melodie!). Du hast mich auf eine Idee gebracht. Nein, ich hab mich selbst auf eine Idee gebracht.

(Ueli holt aus dem Zelt sein winziges ausziehbares Alphorn raus und schlüpft in die Lederhose.)

RÜDIGER: Das ist deine Idee? Und was ist diese ausgetrocknete Tierhaut, die du da überstreifst?

UELI: Das ist eine Lederhose. Hat Mr. Superschlau doch bestimmt auch schon gesehen, oder war er etwa noch gar nie auf dem Fest, wo ein Bier aus der Hälfte aus Schaum besteht?

RÜDIGER: Das Oktoberfest meinst du? Das versteht ihr Schweizer ohnehin nicht. Unser Bier kann man im Vergleich zu eurem wenigstens genießen, halb voll oder nicht.

(Ueli winkt ab, platziert das Alphorn.)

UELI: Die Lederhose, du Dubbel, ist zum eigenen Schutz. Geh mal etwas zur Seite, jetzt wirst du dich gleich wundern. Wenn es nämlich zu einem Rückstoß des Ausstoßes, sprich des Schalls kommen würde, was ab und zu in den Bergen passiert – Echo – wenn du verstehst *(winkt ab)*, dann schützt diese T i e r h a u t den unteren Bereich, so ähnlich wie den Spieler beim Eishockey, wenn ein PÜKKK kommt.

RÜDIGER: Ein Puck?

UELI: Ja, ein Pükkk! *(Kommt ab jetzt immer wieder in diversen Szenen vor!)*

RÜDIGER: Das ist ja lächerlich, aber so ein Rohr hab ich schon mal gesehen. *(In Ami-Akzent)* Haben nicht diese Aborigines *(wie man liest aussprechen)* in Afrika solche Rohre, um Ameisenplagen Herr zu werden? Ne du, eine Ameisenplage würde mir gerade noch fehlen, als ob ich nicht schon genug Plage mit dir am Hals hätte!

UELI: Dieses Rohr, du Gratin, ist ein Reisealphorn, du hura Dubbl. Ameisaplog? Da chunnt us da Schwiiz. Das ist ein Kulturgut. In den Schweizer Bergen wird damit Völkerverständigung betrieben und auch ruft man damit nach Hilfe, wenn zum Beispiel wieder so ein Krautfresser in Sandalen einen Gipfel erobern will und dann abstürzt. Oder wenn der Feind eine Invasion versucht. Wir haben schließlich nicht umsonst jeden Berg ausgehöhlt. Jeder ist voll und das nicht nur mit Fondue und Alphörnern. Im Invasionsfalle spielen wir dann eine bestimmte, absolut geheime Melodie mit einem Alphorn. Unser Militär ist sofort gewappnet. Und durch die Musik wird dem Gegner Angst eingeflößt. Das ist so ähnlich wie die Schotten mit ihren Düdelsäcken.

RÜDIGER: Euer Militär und Schotten ist ein guter Vergleich. Hahahahaha. Wird euer Militär irgendwann – außer um euer Gold zu verstecken – noch zu etwas anderem gebraucht?

(Hitler-Betonung) Ungemütliches Thema mit dem Gold aus früheren Zeiten, gell?

(Ueli überhört diese Unverschämtheit galant, winkt ab.)

UELI: Kennst du den Unterschied zwischen mir und einem Schneemann?

RÜDIGER: Ja, der Schneemann hat ein wärmeres Gemüt als du, hahaha.

UELI: Nei, einen Schneemann kannst du nur im Winter am Arsch lecken.

RÜDIGER: Kannte ich schon, weil den Spruch hast du einem Deutschen geklaut. Um genau zu sein, dem Jürgen von der Lippe.

UELI: Ich kenne keinen Jürgen und ich habe ihn auch nicht von einer Lippe geklaut, sondern habe ihn mit den Ohren ge-hört. Ich finde ihn trotzdem gut und wende den Spruch ja auch ausschliesslich bei Deutschen an, also.

Vorsicht jetzt, Pükkkkk!!!

(Schiebt Rüdiger beiseite und beginnt 3 bis 5 Mal Luft zu holen und sich die Lippen zu lecken und dann zu spielen. Ueli spielt und tanzt wie von der Tarantel gestochen.)

#012: Alphornlied einspielen (max. 1 Min)

RÜDIGER: Stopp! Jetzt reichts! Wir sind doch hier nicht auf einem Rummel. Ein mords Tamtam, mit dem du uns womöglich gar eingeborene Menschenfresser auf den Hals hetzt, alle Fische vertreibst oder noch einen Tsunami auslöst. Einfach nur Lärm!

Aber ich muss zugeben, es versetzt mich doch in Erstaunen, was man mit einem solchen Abflussrohr für Töne erzeugen kann.

UELI: Gäll, da isch ä Supermäschine.

RÜDIGER: Ja, ja (*wischt sich die Maske herunter und murmelt ins Tuch*). Ich brauch jetzt jedenfalls ein ordentliches Frühstück.

UELI: Für mich drei Eier gut gebraten und ein frisches Bürli dazu. Ich werde in der Zwischenzeit einen schönen Ueli aus mir machen.

(*Ueli beginnt zu summen, Rasierapparat, reißt fürs Publikum sichtbar den Bart runter.*)

#013: Titelmelodie Raumschiff Enterprise (ca. 24 Sek.)

RÜDIGER: Ja, ja träum weiter, drei Eier, als ob jemand Eier mit auf Reisen nimmt, lächerlich. Und nebenbei erwähnt, für einen schönen Ueli bräuchte es schon mehr als einen klappbaren Rasierapparat aus meinem Sortiment. (*Nimmt Pfanne, Eieruhr und kleine unnütze Sachen aus dem Rucksack.*)

UELI: Na, wie sehe ich aus?

RÜDIGER: Wie ein Schweizer Bergbauer, der keine Ahnung von Styling hat? (*Stellt Eieruhr parat.*)

UELI: Eier hat er keine, aber eine Eieruhr. Braucht schließlich jeder auf Reisen! Typisch Ruhrpottler!

RÜDIGER: Ja, genau. Die habe ich auf Reisen immer mit! Damit stoppe ich sämtliche Bewegungsabläufe, von der Bestellung bis zur Lieferung diverser Servierkörper.

UELI: Du stoppst einen Garçon bei der Arbeit? Oh my Tell, wie krank ist das denn?

RÜDIGER: Ja, genau. Und jetzt solltest du mal gucken, etwas für uns zu essen zu suchen, denn wer der Baumeister einer Insel ist, ist auch der Jäger und Sammler der Insel. Ich bin für den Haushalt zuständig. Die Zeit läuft. (*Eieruhr.*)

UELI: Ja, das sehe ich auch so. Eine Hausfrau kann nicht jagen und darum geht der richtige Kerl und findet was. (*Geht hinters Zelt und steigt in Scheißhaufen.*)

Wuaaaaaaahhhh! Was ist denn das für eine Sauerei! Warst du das?

RÜDIGER: (*Unschuldig*) Was denn?

UELI: (*Ueli hält Fuß hoch, zeigt auf Scheiße an Füßen*) Das hier!

RÜDIGER: Ne du, ich hab nur wischi-wischi gemacht.

UELI: Ich will nicht wissen, was du geputzt hast. Ich will wissen, ob du direkt neben unser Haus geschissen hast?

RÜDIGER: Ne du, wischi-wischi ist klein, nicht groß. (*Noch unschuldiger*) Kann es nicht von einem Tier kommen, einem wilden Tier oder so?

UELI: Ja klar kann dieser riesige Haufen von einem Tier kommen, wenn es denn eine klappbare Küchenrolle dabei hat, um sich den Arsch abzuwischen (*immer lauter*), ja dann... Jetzt weiß ich auch, was du mit wischi-wischi meintest.

RÜDIGER: Gut, ich geb es zu. Das war ein Fehler, direkt neben der Türe, aber da kamen solche komischen Geräusche aus dem Urwald, als würde jemand Techno-Musik spielen – Eingeborene zum Beispiel – ja und da...da ist es dann halt passiert, aus und gegessen und jetzt mach zu, ich hab Hunger.

UELI: Techno-Musik? Passiert? Im Süden gibt es eben bunte Vögel, die komische Geräusche ausstoßen! Ich glaube, es wäre wieder mal Zeit, dir eine Edison-Medizin zu verabreichen.

(*Wischt sich Fuß ab*) Ist ja ekelhaft (*übergibt sich beinahe, verschwindet mehrmals im Zelt und ruft heraus*).

RÜDIGER: Was soll das sein, Edison-Medizin? (*Ueli winkt mit dem E-Shocker*)

Nein danke, ich bin geheilt! (*Winkt ab.*)

UELI: Das macht die Hausfrau wieder clean! Ich hoffe, wir haben uns verstanden? (*Holt Rucksack raus.*) Ich gehe solange auf die Suche nach etwas Essbarem. (*Geht ins Zelt, kommt nach Rüdigers saubermachen, der auch fast kotzt, wieder raus, hält etwas in die Höhe.*)

Ich hab was. Ich esse aus Prinzip am Morgen nur Haferflocken oder Cornflakes (*wie man es schreibt*), zweiteres habe ich mit (*virtuell = schüttel, schüttel*). Dann mach mal Feuer und wirf die Pfanne an. Medium, wenn ich bitten darf! (*Dreht Eieruhr um.*)

RÜDIGER: Halt! Halt! Vor dem Essen gefälligst die Hände waschen, hören wir doch ständig und ohne Unterlass – und die Füße gleich dazu. Mit einem Babyelefanten Abstand natürlich. Der klappbare Brunnen aus meinem Sortiment steht bereit für ein sauberes gemeinsames Essen.

(*Ueli stöhnt widerwillig, Rüdiger nimmt ihn mit und beide waschen sich umständlich die Hände und Füße am virtuellen Brunnen und summen „Happy Birthday" mit.*)

#014: Happy Birthday India Style (ganzes Lied spielen)

UELI: Jetzt simmr abr suubr! Mach jetzt endlich meine Cornflakes (*wie man es schreibt*).

RÜDIGER: Wähhh, diese scheiß Cornflakes. Was Süßes zum Frühstück ist ja ekelhaft. (*Überlegt kurz*) Haste Brot?

UELI: (*Überlegt kurz bevor er antwortet*) Nei!

RÜDIGER: Haste Brot?

UELI: Nei!

RÜDIGER: Haste Brot?

UELI: Nei! Wenn du das noch einmal fragst, nagle ich dich an eine Palme!

RÜDIGER: Haste Nägel?

UELI: Nei!

RÜDIGER: Haste Brot?

(Hahahahaha, beide lachen schallend.)

UELI: Dä isch guat!

RÜDIGER: Eines muss ich dir lassen – gut mitgespielt. Hätt ich nicht von dir erwartet, dass du da einsteigst! Es freut mich, dass Deutsche Witze es bis auf die höchsten Alpen schaffen, um euch Almöhis ein wenig Humor in die Körper zu treiben, euch ablenkt, damit ihr nicht ständig die Sennenpuppe belästigt. Ja, mit Humor ist alles leichter und er hat eine heilende Wirkung.

(Beide schwenken virtuell die Cornflakes und machen dabei immer wieder Zisch- und Brutzel-Geräusche.)

UELI: Von wegen Deutscher Witz, den hat mir meine Oma schon beigebracht, als...

(wird unterbrochen)

RÜDIGER: Lass stecken! Zu dieser Zeit gab es noch gar keine Witze und jetzt iss, solange es warm ist. Und danach habe ich einen der besten Witze der Welt. *(Kramt in seinem Rucksack, holt Slivowitz raus)* Nämlich den hier: Slivowitz, hahaha.

(Essen virtuell: bei Rüdiger = Knirsch Knirsch, bei Ueli = Knusper Knusper. Rüdiger sieht zur Hütte.)

Ueli : Wow, der klingt jetzt scho unheimlich guet. *(Sie essen Knirsch Knirsch und trinken Slivowitz.)*

RÜDIGER: Vielleicht sollten wir in aller Bälde einen Wintergarten dazu bauen.

UELI: Wintergarten? Im ewigen Süden? Du weißt ja noch gar nicht, ob es hier überhaupt einen Winter gibt. (*Rüdiger läuft zum Zelt zu virtuellem Tisch = Soda-Sprudelgeräusch!*)

RÜDIGER: War nur ein Vorschlag zu „Schöner Wohnen". Dann halt einen „Sommergarten". Auch ein Sodawasser? Ziemlich trockene Angelegenheit dein Frühstück.

UELI: Du hast es doch gekocht. Du hast doch nicht etwa im Ernst ein Sodaerzeugungsgerät mit?

RÜDIGER: Doch, ist immer praktisch im Urlaub so ein israelisches Sodastream. Erspart man sich ne Menge Kohle und Schleppen. Sodaspender, heißt das, Sodaspender, du Hirni! Gibt es übrigens auch in meinem Sortiment.

UELI: Ohhhh, lächz Hirn. Das würde ich jetzt gerne verspeisen.

RÜDIGER: Jaa, das würde dir schmecken, hä? Kannst ja deines zur Verfügung stellen, dann hätten wir zumindest einen Erbsen-Eintopf, hahaha.

UELI: Das liebe ich an euch Piefkes besonders: Immer ein Witzchen auf andere Kosten auf den Lippen.

RÜDIGER: Ja, wir Deutschen sind ein humorvolles Völkchen, Lei Lei. Dafür schätzt man uns weltweit. Aber jetzt wirst du staunen: Ich habe zufällig Hirn aus meinem Sortiment dabei, mmmhhh frisches Marderhirn, lecker (*öffnet Rucksack mit Hirn*). Das ist das Dessert, lächz.

UELI: (*Reicht Ueli das Soda, der nimmt widerwillig das virtuelle Soda.*) Bier wäre mir lieber. Hast du nicht noch Bier?

RÜDIGER: Zum Frühstück Bier? Natürlich habe ich noch Bier, aber das wird gespart, denn es gilt: „Kein Bier vor vier!" Wir Deutschen können uns das nicht erlauben, da auf uns nach dem Frühstück Deutsche Gründlichkeit wartet. Außerdem habe ich das Bier erst in meinen klappbaren Kühlschrank aus meinem Sortiment getan.

UELI: Ja, ja, war ja klar, habe ich mir beinahe gedacht. Ich hoffe du weißt, was das für die Wirtschaft heißt, ein

Sodaerzeugungsgerät mit in den Urlaub nehmen? Sogar im Süden gibt es Geschäfte in denen man ein Mineralwasser kaufen kann. *(Schlägt mit der Hand aufs Hirn.)*

RÜDIGER: Wir sind im Süden. Siehst du ein Geschäft?

UELI: *(Sieht sich um.)* Punkt für dich. Bier wäre mir trotzdem lieber. Boahhh, bin ich kaputt, jetzt erst mal ein Schlöfli. *(Richtet virtuell das Polster, Füße hoch, legt sich hin.)*

RÜDIGER: Haaalt, stopp! Und den Haushalt mache ich ganz alleine? So nicht, mein Freund. In jedem zivilisierten Land beschäftigt man sich immer mehr um die Mithilfe des Mannes im Haushalt. Ich bin zwar auch ein Mann, aber du auch. Und selbst ein Baumeister ist davon nicht ausgenommen. Ergo, ich mach den Abwasch und du saugst solange das Zelt raus.

UELI: Das ist doch nicht dein Ernst? Du hast nicht alle Kühe auf der Bündt! Bei dir ist wohl etwas undicht? Ich komme zu Mittag von der Arbeit, Essen jagen und so und soll jetzt, in meiner Mittagspause, das Zelt saugen? Und du kochst ein Fertiggericht und nennst das auch noch Arbeit. Du hast sie wohl nicht mehr alle?

RÜDIGER: Ich glaube, du verwechselt da etwas: Gleichberechtigung gilt überall! Und ganz besonders auf meiner einsamen Insel, wenn du dann die Güte hättest? Auch in meinem Sortiment. *(Hält Ueli den unsichtbaren Staubsauger hin, bindet sich und Ueli die virtuelle Schürze um, Gummihandschuhe, Schlurp.)*

UELI: *(Sieht virtuellen Staubsauger an.)* Und woher, Misses Superschlau, soll ich Strom bekommen?

RÜDIGER: Ist Akku, voll geladen! *(Ueli stöhnt, nimmt den Sauger, geht zum Zelt und macht Saug-Geräusche. Rüdiger = Spülmittel, Plätscher, Plätscher, Schrubb, Schrubb, Rubbel, Rubbel, Quick, Quick beim Polieren der Gläser usw. Pfeift dabei ein fröhlich Lied. Ueli summt den Staubsauger.)*

Pass bloß auf meine selbstgestrickten Socken auf *(Flup)* und meine Uhr *(Flup)*, meine Unterhose müsste da auch noch irgendwo rumliegen *(Flup)* und meine anderen Sachen kannst du schön zusammenlegen und in den Klappschrank aus meinem Sortiment legen (*Flup, flup, flup, flup, fluuuupp*). Und saug auch die Badewanne aus, da sind gerne Spinnen drin!

UELI: *(Kommt aus dem Zelt.)* Jaaa! Fertig. Jetzt habe ich mir aber eine Pause verdient. (*Zieht Gummihandschuhe und Schürze aus. Rüdiger klappt eine Seite des Zelts auf und mustert es.*)

Technik: Bild einblenden: C_Tropical (Abendstimmung/Sunset)

RÜDIGER: Ja, das hast du in der Tat. Jetzt können wir gemütlich an den Tisch sitzen und ein wenig plaudern. Käffchen gefällig, aus der Maschine meines Sortiments. (*Klapp, vvvvvvv.*)

UELI: Plaudern? Ich würde mich lieber auf das Sofa aus deinem Sortiment legen und ein wenig Fußball auf dem Akku-Klappfernseher aus deinem Sortiment schauen.

RÜDIGER: Ne, ne mein Lieber, Fernsehkucken ist nicht jeden Tag. Du sprichst so wenig, ich weiß überhaupt nicht mehr, mit wem ich zusammen bin. Gestrandet auf dieser einsamen Insel meine ich.

UELI: *(Stöhnt.)* Kaffee? Ja. Am liebsten fertig. Und sprechen? Nein.

RÜDIGER: Ja, aber immer nur rumliegen und Fernsehkucken ist auch keine Lösung. Geh doch mal raus in die Natur.

UELI: Ich bin in der Natur!

RÜDIGER: Ja. Oder lies doch mal ein Buch aus meinem Sortiment. Die „Hausfrau und das Meer" von Ernestine Hermingweg zum Beispiel.

UELI: Ich will nur hier liegen. (*Summmm! Rüdiger lässt Kaffee raus.*)

RÜDIGER: (*Bringt den virtuellen Kaffee.*) Bedient werden will der Herr auch noch!

UELI: Oaaah! Hier spricht der automatische Anrufbeantworter von Ueli Schnider. Wollen Sie ihn direkt sprechen, rufen Sie gefälligst an wenn er da ist und sprechen sie nicht!!! nach dem Pfeiffton. PIIIIEEEP!!!

RÜDIGER: Ich will nach dem Essen nur etwas höfliche Konversation. Ist das zu viel verlangt?

UELI: Piiiieeep hab ich gesagt! Das ist ja nicht auszuhalten, du klingst schon fast wie meine Ex-Frau.

RÜDIGER: Mooooment! Du hast eine Ex-Frau? Wo hast du die denn gefunden? Bei „Bauer sucht Frau"? Na ja, auch ein blindes Huhn... Ich dachte, du wohnst noch bei deiner Mutter?

UELI: Und? Die beiden sind eben nicht klargekommen, da musste ich Prioritäten setzten.

RÜDIGER: Willkommen im Club. Bei mir war es eher der Beruf, oder aber die Eifersucht auf meine Kneipenfreunde. Weiber eben! Ich glaube, jetzt haben wir uns ein Bier verdient und vielleicht auch ein Tröpfchen Chrüüüüütr? Hahaha.

(Die beiden schenken ein und stoßen freudig an.) Wohl sein, auf die Verlassenen!

UELI: Jo, Sonteee. Und ich bin ganz froh, dass wir hier nicht auf einer Amazoninsel gestrandet sind. Nicht auszudenken, würden hier jede Menge Weiber noch dazu mit Waffen rumlaufen. Waffen und Frauen, das wäre ja gerade so wie du, äh du, äh du, *(Rüdiger klopft ihm auf den Rücken)* du und ein Hammer in die Hand nehmen.

RÜDIGER: Na, na, na! Vergleiche mich bloß nicht mit diesen Blutsaugerinnen. Und Amazonen heißen die Weibsbilder. Das hat nichts mit diesem Online-Riesen zu tun, der Kleinhändlern wie mir den Todesstoß versetzt. Und ich bezahle meine Steuern, obwohl ich immer noch an den damaligen Sanktionen von Covid-19 zu knabbern habe. Von wegen „Wir schaffen das"! *(„Merkel-Raute" mit Händen vor Schoß formen.)*

UELI: Ja, dieser Confied naintiin, wie wir Eidgenossen zu sagen pflegten, hat mir auch den letzten Nerv geraubt, hä. Ich musste mein Bier immer mit meiner Mutter teilen. Steuern hin oder her, das ist auch kein Honig lecken.

RÜDIGER: Ja zahlt ihr eurem Fürst überhaupt Steuern?

UELI: Ich glaube da verwechselt ein Geografie-Genie die Schweiz mit Liechtenstein?

RÜDIGER: Entschuldigung. Ich dachte, das ist ein und derselbe Punkt auf der Landkarte.

UELI: Ja, aber an guata Punkt (*zeigt mit Fingern*).

RÜDIGER: Aber auch ein warmer!

UELI: Wieso? Wir haben eiskalte Winter bei uns in der Schweiz.

RÜDIGER: Wollmas mal so ausdrücke: Euch Schweizern sagt man gewisse Sachen nach, mit denen ich überhaupt nichts anfangen kann. Stichwort Wärme: „Wenn mehr als drei Schweizer zusammen stehen, spricht man von einem Heizkörper". Na, klingelt da etwas bei dir?

UELI: Du hast ja einen absoluten Knall! Hier! (*Kramt in seiner Geldtasche und holt ein Foto und eine Visitenkarte raus*): Ich war schließlich verheiratet! Geh mal in meine Heimpage dann siehst du wie glücklich wir waren.

RÜDIGER: Homepage meinst du wohl? (*Sieht das Foto an.*)

UELI: Auf dem Foto waren wir das Brutpaar!

RÜDIGER: Was habt ihr denn ausgebrütet? Ach so, Brautpaar meinst du.

Ziemlich maskulin die Kleine...

UELI: Leck mich doch, ich geh schlafen, du Schaf männliches Glied. Oder wie sagt man Schafseckel auf Hochdeutsch?

(*Geht ins Zelt. Rüdiger geht ihm kurz darauf nach.*)

RÜDIGER: War doch nicht so gemeint. Sie sah gar nicht schlecht aus, ist halt dein Beuteschema (*macht angeekeltes Gesicht. Entschuldigungsversuche und erneut der E-Schocker – Schrei*).

UELI: Ja, dir au a guats Nächtle!

(Black)

(Thomas kriecht hinten raus und kommt als Bundeskanzler Sebastian Kurz mit Maske bzw. dank Gummistirnband nach vorne gedrückten Ohren auf die Bühne, imitiert seine typische Handhaltung, sieht in Indianer-Manier hinaus aufs Meer.)

KURZ: Ich sehe eine weitere Welle wird kommen. Die zweiundzwanzigste Welle und jeder wird jemanden kennen, der auf einer einsamen Insel gestrandet ist und einen Postenschacher macht!

(Verlässt die Bühne)

Technik langsam heller

A4: Einspielung Hübsche Frau im Bikini mit Box-Tafel „Tag 2" Panorama oder Close-Up (10 Sek.)

(Rüdiger betritt die Bühne im Hawaii-Bast-Röckchen. Ueli selbe Szene wie zuvor, Perücke aber ohne Bart. Evtl. wie lange schon auf Insel = Striche auf kleiner Schiefertafel...quiek-Kreidegeräusch. Ueli steht nachdenklich da.)

RÜDIGER: Was ist los mit dir und wo ist dein Bart?

UELI: Kei Ahnig. Klimawandel. Und du kei Errobig?

Ich hatte einen seltsamen Traum von einem kleinen Männchen mit riesigen Ohren und das hat irgendeine Weisheit ins Meer geflüstert. Aber ich kann mich ums verrecka ned erinnern was? *(Sieht Rüdigers Röckchen.)* Was ist das denn?

RÜDIGER: Ich habe die Wäsche ins Meer geworfen und uns unterdessen ein super Naturkleid mit meiner klappbaren Nähmaschine geschaffen. Ich überlege gerade, dieses nachhaltige Haute-Couture-Stück in mein Sortiment aufzunehmen. Hier für dich, probiere mal an! *(Widerwillig zieht Ueli sich um, schwingt wie ein junges Mädchen mit den Hüften.)*

UELI: Ja, luftig und leicht, gar nicht so schlecht. Sehe ich nicht absolut lächerlich aus?

(Rüdiger steht da wie Modedesigner Karl Lagerfeld und hält einen Fächer in der Hand.)

RÜDIGER: Überhaupt nicht! Steht dir wirklich super, mein Lieber. Du bist wie ein anderer Mensch. Kleider machen eben Leute. Endlich gehst du mal aus dir raus, du Jelmoli-Tiger.

UELI: Du mich auch *(zieht Rock aus und schmeißt ihn zu Rüdiger)*!

Den kannst du dir an deinen Hut aus deinem Sortiment stecken, du Modezar Lagerapfel.

Und jetzt mach mein Frühstück!

RÜDIGER: Hast du mal auf die Uhr gekuckt? Frühstückszeit ist von 7 bis 10 Uhr. „Der frühe Vogel fängt den Wurm und der späte muss in Hungerturm!"

UELI: Das ist ja schlimmer wie in einem billigen Hotel hier. Sauerei. Wann gibts z´Mittag?

RÜDIGER: Später. Ich schlage vor, wir erkunden heute mal ein wenig die Insel. Zumindest könnten wir mal den Strand entlang laufen und um die Ecke gucken. Vielleicht entdecken wir was.

UELI: Um die Ecke gucken die eigentlich ein Kreis ist, meinst du?

RÜDIGER: Ja, du Physiker. Ich weiß auch, dass es keine viereckigen Inseln gibt. Aber was hältst du von einer Exkursion der „runden" Insel?

UELI: Klavier, Klavier, Klavier *(winkt ab)*.

RÜDIGER: Was hat das jetzt mit einem Musikinstrument zu tun? Also manchmal...

UELI: Du verstehst doch kein Italienisch, sonst hätte ich natürlich piano, piano, piano gesagt, was so gut wie „in der Ruhe liegt die Kraft" heißen soll.

RÜDIGER: Du gehst mir gewaltig auf den Sack mit deinen ewigen Wortspielen.

UELI: Ich weiß, für einen Minderbemittelten ist es oft schwierig, mir zu folgen. Apropos folgen: Gut, wir gehen durch den Dschungel, straight, denn man muss kein Rechengenie sein, um zu wissen, dass ein gerader Weg kürzer als ein runder ist, ergo, wir kommen schneller auf die andere Seite der Insel. Also wenn dann durch den Dschungel.

RÜDIGER: Meintwegen! (*Rüdiger packt Kompass usw. zusammen, virtuelle Gummistiefel und sie gehen los. Nach den ersten drei Metern biegt Ueli einen virtuellen Ast zu Seite und lässt ihn Rüdiger, der andauernd auf den Kompass starrt, mitten in die Fresse spicken).*

UELI: Pööökk!!! (*Patsch!*)

RÜDIGER: Ahhh! (*Greift sich an die Nase*). Ich blute! Das hast du doch mit Absicht gemacht!

UELI: Nei, ich habe doch laut und deutlich Pööökkkk geschrien!

RÜDIGER: Jaaa! Das habe ich gehört, aber ich wusste doch nicht...

UELI: Pööökkk ist ab jetzt der Warnschrei für Gefahren jeglicher Art, verstanden?

RÜDIGER: Aber ich habe das nicht gehört, schließlich musste ich die ganze Zeit auf den Kompass starren!

UELI: Konfuzius sagt: „Der Mensch stolpert nicht über Berge, sondern über einen Maulwurfshügel!"

RÜDIGER: Lass mich bloß mit diesem blöden Konfuzius in Ruhe. Wir drehen um. Wir müssen zurück ins Deutsche Basislager, um mich mit meinem Klapp-Verbandskasten aus meinem Sortiment Not zu versorgen!

(*Sie kehren um. Rüdiger wird von Ueli verbunden, natürlich virtuell.*)

Ich kann nichts sehen, verdammt nochmal.

UELI: „Auge um Auge und die ganze Welt wird blind sein!" Gandhi

RÜDIGER: Aja, du wandelndes Spruchlexikon? Hilf mir lieber, als Sprüche zu klopfen. (*Ueli wickelt ihn aus, zieht an einem Ende und Rüdiger dreht Pirouetten, setzt sich schwindelig hin*). Jetzt brauch ich was zu essen, aber heute kochst du mal, ich bin schließlich krank geschrieben.

UELI: Was hast du noch im Lager?

RÜDIGER: (*Kommt mit zwei Dosen Gulascheintopf aus dem Zelt heraus.*)

Könnte der Herr sich bequemen mir zu helfen, siehst du nicht, dass meine Wunde wieder aufgeplatzt ist und mir bereits Blut in die Augen fließt?

UELI: Konfuzius sagt: „Wenn du in beiden Händen eine schwere Last trägst, juckt dich die Nase!" Guet, hä?

RÜDIGER: Wenn ich noch ein Zitat höre, dann passiert was!

(*Reicht Ueli die Dose, die er ganz genau mustert.*)

UELI: Die sehen mir auch nicht gerade nach Cumulus-Punkten aus. Aldi Süd! Möchte gar nicht so genau wissen, was da drinnen ist.

RÜDIGER: Gegessen wird, was auf den Tisch kommt! (*Ananas-Dose mit kleinen Stücken. Knister-knister, Bruzzel-bruzzel*).

(*Nimmt ein Stück mit der Hand raus und isst es. Rüdiger ekelt sich. Macht Magengeräusche.*)

RÜDIGER: Ich glaub ich muss mal und zwar für große Jungs. Und dieses Mal gehe ich tief in den Dschungel rein, nicht dass mir wieder was unterstellt wird von Haufen und so.

UELI: Ja, aber richtig tief (*kocht weiter, blubber-blubber*). Ziemlich helle Gulaschstückli, da isch doch ka Fleisch.

(*Kurze Pause*).

#015: Krähruf der Hähne einspielen und selber dazu machen (zuerst leise, lauter werdend)

RÜDIGER: Sieh mal, was ich uns gefangen habe! Ich habe uns Wildhühner gefangen – sogar mit Sattel. Deines liegt da hinten!

UELI: Und was sollen wir damit? Und was isch mit am Essä? Du fallsch mr noch vom Fleisch!

RÜDIGER: Lass stehen den Fraß! Was wir mit den Wildhühnern sollen, fragst du? Was ist das für eine dämliche Frage? Wir reiten übers Meer dem Horizont entgegen!

UELI: Ja, geht denn das? *(Ueli geht hinter die Bühne und zieht es an, bisschen clownesk mit Riesenhuhn. Kopf nach links und rechts drehend, auf und ab usw.)*

RÜDIGER: Natürlich geht das. Im Film und auf der Bühne ist schließlich alles möglich!

UELI: Glaubst du, das nimmt uns das Publikum ab? *(Steht im Huhn und wackelt hin und her.)*

RÜDIGER: Die? Ja, klar!

UELI: Na guat, denn gömmr looos. Jippie!

#016: Pferdegalopp einspielen (nur kurz bis hinter Bühne verschwunden)

Auf den Hühnern zum Anziehen reiten beide durchs Publikum und zurück auf die Bühne!

#017:Ende Ansage Stimme Marco Adami (Italo-Akzent:

„UND SO RITTEN SIE ÜBERS MEER, DEN HORIZONT IM BLICK, BIS SICH IHRE WEGE IN MALLE TRENNTEN UND JEDER FÜR SICH NACH HAUSE RITT. PS: AUS EINER DAUERHAFTEN URLAUBSFREUNDSCHAFT WURDE NICHTS. DIE BEIDEN HABEN SICH NIE WIEDER GESEHEN!

#018: Über den Wolken (Auszug, fertig spielen 03:52)

ENDE!

BONUS

ABLAUF ALS WORDRAP

Auftauchen	Umweltsünder vs. Saubermann
Jodeln	Robinson Crusoe
Flötenspiel	5 vor 12
Ratten	Gender
Gottfried Stutz	Freitag finden
Tablett	Billigland
Gold und Uhren	Humanitäre Lösungen
Fondue	Gewitterwölkchen
Mister Universum	Unterkunft bauen
Bier	Gewitter
Leergut	Gischt
Swingerkönig	Weltmeister im Häusle bauen
AfD	Papstwerden
Taschenmesser	Haushaltsprinz ist back!
Bockwurst	Fachmann mit
Röntgenapparat	Terminvereinbarung
Moneyfick	Fondue im Sturm ausgeronnen
Verwandte	Darmwind
Kompass	Das Maß ist voll!
Finden	Klamotten trocknen und
Brexit	pflegen
Steckdosen	Taekwondo
Dankbarkeitsgeste	RESERVIERT!
Schweizer Flotte	Etiquette
Ende Weisheit	Pfefferspray
HAAAIII	Hitler-Schnaps
LAAAND	Heidschibumbeidschi
Meer abstreifen	Leuchtpistole
Held hat Insel gefunden	Krimipause
Entlegenste Insel	H.C.

Aerobic
Faltengebirge
Bauernmoof
Lungenyoga
Unverantwortliche Egoisten
Mutti SMS
Oktoberfest
Lederhose
Puck!
Reisealphorn
Militär und Schotten
Schneemann
Jürgen von der Lippe
Reisealphorn
Eieruhr
Wischi-Wischi
Techno-Musik
Edison-Medizin
Händewaschen
Scheiß Cornflakes
Haste Brot?
Slivowitz
Wintergarten
Trockene Angelegenheit
Sodaspender
Zum Frühstück Bier
Gleichberechtigung gilt
überall!

Haus raussaugen inkl.
Badewanne
Plaudern vs. Fernsehkucken
Die Hausfrau und das Meer
Bedient werden will er auch
noch!
Anrufbeantworter
Ex-Frau
Chrüüüter
Amazoninsel
Blutsaugerinnen
Steuern und Fürst
Warmer Punkt
Segelohren Kurz
Wäsche ins Meer geworfen
Naturkleid genäht
Lagerapfel
Frühstückszeit – Hungerturm
Um die Ecke gucken
Klavier, Klavier, Klavier
Gummistiefel
Blöder Konfuzius
Blinder Gandhi
Wandelndes Spruchlexikon
Gulaschdosensuche
Cumulus-Punkte
Große Jungs
Wildpferde
Übers Meer reiten

Schwimmwesten mit Motorsäge getauscht

FELDKIRCH. In ihrem zweiten Kabarett, das eigentlich ein kabarettistisches Bühnenstück ist, schlüpfen die Feldkircher Künstler **Thomas Rauch** und **Bandi Koeck** in die Rolle eines Schweizers und eines Deutschen.

Wurde im Debut-Stück „Nachschlag" vor exakt zwei Jahren noch mit Hilfe einer Motorsäge die halbe Bühne zersägt und aus dem Sägemehl kurzerhand zwei Klappsärge gemacht, so kommt das neue Stück mit weniger Requisiten aus (nur mehr eine PKW-Ladung statt zwei), hat aber genauso viele Gimmicks und durchdachte Basteleien zur nackten Überraschung des Publikums eingebaut. Letztes Jahr um diese Zeit haben sich Bandi Koeck und Thomas Rauch erstmals zusammengesetzt, um ihre kreaktiven Ergüsse auf Papier zu bringen. „Anfang Jahr hatten wir alle Szenen des fast 100-minütigen Bühnenstücks im Kasten, doch dann kam Corona respektive dieser Covid-19-Kobolt, der uns Kulturschaffenden einen saftigen Strich durch die Rechnung gemacht hat" erzählt Koeck. Und Rauch ergänzt: „Wir lassen uns aber nicht so schnell das kreative Karma vermiesen und hoffen sehr, dass wir auftreten können!"

Zum Inhalt

Auf offener See kämpfen die einzigen beiden Überlebenden eines verheerenden Flugzeugabsturzes, der Schweizer Hans-Ueli Schnider und der Deutsche Heinz-Rüdiger Meier, ums nackte Überleben. Die Charaktere der beiden könnten nicht unterschiedlicher sein, schließlich räumt das Stück mit althergebrachten Stereotypen auf, wie etwa der Vorliebe der Schweizer für Fondue („Bei den Preisen könnte man meinen, die Löcher im Käse werden mitgewogen!"), Taschenmesser („Du gehst mir sowas von auf den Sack mit deinem Sackmesser!") und der Schweizer Armee („Ihr stellt euch mit dem Rücken zu den Invasionstruppen und furzt sie einfach weg!"). Dass die Schwaben nicht nur Weltmeister im Häuslebauen oder im Fußball, sondern auch im Papstwerden sind („Nur weil ihr einen alten Knochen im Vatikan angebracht habt, der jetzt das römische dolce vita far niente genießt, seid ihr noch lange keine Weltmeister!"), sondern auch gerne Liegestühle reservieren, Bockwurst verspeisen und dazu Bier trinken („Halb voll oder nicht, unser Bier kann man im Gegensatz zu den Schweizern wenigstens genießen!"). Brisante Themen wie Flüchtlingskrise, Brexit, Trump, Merkel und Putin werden genauso behandelt wie gewisse Eigenheiten von Österreichern und Liechtensteinern. Schließlich soll niemand ungeschoren davonkommen. Liebte das Publikum beim Debut die „Zöllnerszene" sehr, so wird es diesmal, wenn Koeck und Rauch in ihre Doppelrolle als Gudenus und HC Strache schlüpfen werden, ausflippen.

Aufgrund der aktuellen Situation empfiehlt es sich, die Karten online unter laendleticket.com zu kaufen.

Zwei besondere Grenzgänger

Bandi Koeck und Thomas Rauch kämpfen auf offener See ums nackte Überleben

Kopf der Region

Anfang November feiert das neue Kabarett „Grenzgänger" der beiden Künstler Bandi Romeo Koeck und Thomas Anton Rauch in Feldkirch Premiere. Wir trafen uns mit ihnen, um die Hintergründe dazu zu erfahren.

Von Dietmar Hofer

Thomas Rauch (li.) alias Ueli Schnider und Bandi Koeck alias Rüdiger Meier könnten unterschiedlicher nicht sein

Anzeiger: Vor fast genau zwei Jahren habt ihr mit eurem Kabarett-Debut „NACHSCHLAG" die Dérnuere in Feldkirch gefeiert. Was hat euch dazu bewogen, ein neues Stück zu machen?

Rauch: Ein „Valium 2.0" kann selbst in so einer pandemischen Krise nie verkehrt sein, auch wenn die aktuellen Auflagen nicht wirklich Stimmung aufkommen lassen.

Koeck: Ganz einfach, wir wurden einfach zu oft auf offener Straße angesprochen, wann wir wieder eine Bühne zersägen und aus dem Sägemehl einen Sarg machen würden.

Anzeiger: Worin unterscheidet sich das neue Stück „GRENZGÄNGER" von seinem Vorgänger?

Koeck: Wir haben uns fest vorgenommen, dass wir diesmal nur mehr eine PKW-Ladung an Requisiten mitschleppen, diese aber noch raffinierter und einfallsreicher sein sollen.

Rauch: Das neue Programm ist ganz anders. Es ist noch facettenreicher, skuriler und politisch unkorrekter. Ich denke die Bezeichnung „kabarettistisches Bühnenstück" bezeichnet die fast 100-minütige Darbietung wohl am treffendsten.

Anzeiger: Könnt ihr verraten, um was es dabei genau geht?

Koeck: Nach einem verheerenden Flugzeugabsturz sind die einzigen beiden Überlebenden ausgerechnet der Ostschweizer Hans-Ueli, den Thomas spielt, sowie der Deutsche Heinz-Rüdiger, den ich verkörpern werde. Auf offener See kämpfen die beiden unterschiedlichen Zeitgeister ums nackte Überleben. Nach anfänglichen kulturell bedingten Schwierigkeiten und dutzenden Vorurteilen finden die beiden – ohne es zu wollen – immer näher zueinander. Offen bleibt, ob das Trennende oder ob das Verbindende am Schluss gewinnen.

Anzeiger: Wie sind die Ideen dazu entstanden und worin schöpft ihr eure Kreativität?

Rauch: Wir haben bereits nach unserem Debut-Erfolg gemerkt, dass wir zwei, obwohl wir recht unterschiedlich sind, uns künstlerisch und kreativ sehr gut ergänzen. Das Stück könnte aktueller nicht sein. Wir möchten mit alten Klischees und Vorurteilen aufräumen sowie politische Haltungen hinterfragen. Uns war wichtig, dass wir die Themen, die uns tagtäglich beschäftigen, in einem neuen, ungewohnten Licht zeigen: Stichwörter: „Flüchtlingskrise", „VW-Skandal", „Raubgold", „Ibiza", „BREXIT" und natürlich „Corona".

Koeck: Wir möchten anregen und dazu beitragen, dass wir uns mehr als Menschen sehen und dem Populismus und Nationalismus bewusst entgegentreten.

Rauch: Eines ist gewiss: Den Lachmuskeln des Publikums werden wir einiges entgegensetzen. Schließlich haben wir in dieser pandemischen Krise viel zu wenig zu lachen.

Koeck: Genau, wir sagen diesem Covid-Neinteen den Kampf an!

Anzeiger: Wie erlebt ihr als Kunstschaffende die Einschränkungen auf- grund der Covid-19-Pandemie?

Rauch: Als äußerst schwierig, denn du kannst nichts planen, alles kann sich von einem Tag auf den nächsten ändern. Viele Künstler haben sich dazu entschlossen, ihre Auftritte abzusagen oder aufs nächste Frühjahr zu verschieben.

Koeck: Das stand bei uns auch zur Debatte, können doch aktuell oft weniger als die Hälfte der üblichen Besucherzahlen zu einer Vorstellung kommen. Zudem können eventuell auch keine Pausen gemacht werden, unter anderem aufgrund des Platzangebots. Wir haben zwar unsere Auftritte in Liechtenstein und der Schweiz gänzlich gestrichen und hoffen, dass wir zumindest in Vorarlberg spielen werden können.

Rauch: Wir werden uns auf der Bühne vorbildlich - wie wir es vor nicht allzu langer Zeit gelernt haben - die Hände waschen, dazu Happy Birthday singen und anschließend auf einem Babyelefanten reitend diesen Covid Neinteen als die Eidgenossen zu sagen pflegen, suchen.

Anzeiger: Vielen Dank für das anregende Gespräch!

■ Sprüche aus dem Stück

Ueli: „A mönschlichs Floß usama Schwob und ama SChwiz isch vo vorinna am Untrgang gweiht!"

Rüdiger: „Wegen der Türe machen Sie sich keinen Kopp, Flugzeugtüren schwimmen nämlich nicht!"

Ueli: „Luag amal, das hier nennt man Besteck, falls dieser Begriff schon bis in den Ruhrpott vorgedrungen ist? Mit diesem Schweizer Armeemesser kann man alles machen, aaalles!"

Rüdiger: „Du hast es in deinem Fondue versteckt? Und der Röntgenapparat?"

Ueli: „Deine Socken riechen nach einem Arbeitstag wie etwas, das ein Bauer ausringt? Da wäre ein Besuch beim Doktor auch nicht verkehrt!"

Ueli: „Magnifique, der Piefke!"
Rüdiger: „Moneyfick? Was ist denn das schon wieder für eine Ferkelei? Gehts da um bezahlte Liebe?"

■ Die Aufführungen im Überblick

Premiere: Mittwoch, 4. 11. um 20.15 Uhr, Theater am Saumarkt, Feldkirch
Freitag, 6. 11., 20 Uhr, Kellertheater Lampenfieber, Bludesch
Mittwoch, 11. 11., 20 Uhr, Lösensaal, Hohenems
Donnerstag, 12. 11., 20 Uhr, Alts Kino, Rankweil
Freitag, 13. 11., 20 Uhr, TIK - Theater ist Kultur, Dornbirn
Samstag, 14. 11., 20 Uhr, Handelsakademie, Feldkirch
Mittwoch, 18. 11., 20 Uhr, Remise, Bludenz
Dernière: Donnerstag, 19. 11., 20 Uhr, Theater am Saumarkt, Feldkirch

Achtung: Aufgrund der Auflagen zu Covid-19 können Tickets nur online über www.laendleticket.com sowie www.oeticket.com im Voraus gebucht werden!

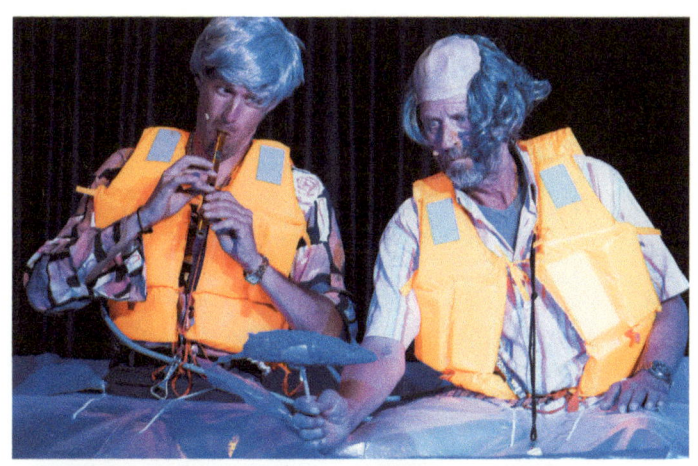

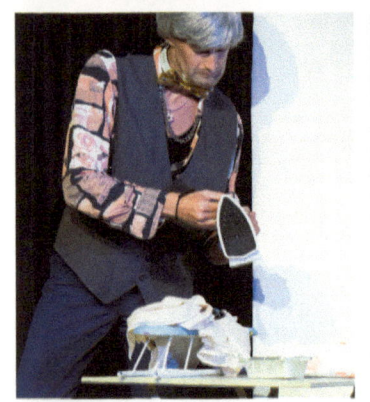